염불하여 왕생하고,
왕생하여 성불하세

순수한 정토법문

염불하여 왕생하고, 왕생하여 성불하세

혜정 법사 법문
정전·원왕생 옮김

운주사

머리말

정토법문은 불교 내에서 일반적으로 추구하는 자력수행과는 달리 부처님의 힘에 의지해 극락정토에 왕생함을 목적으로 하는, 타력(불력)의 요소가 매우 강한 수행법이라 할 수 있다. 이러한 정토법문에 대해 인광대사는 불교 내의 '특별법문'이라고 하였으며, 그 외의 모든 불교수행에 대해서는 '일반법문'이라 하여 뚜렷하게 구분하였다.

정토법문이 특별법문인 이유는 불교의 수행들이 대부분 자력으로 계율과 선정과 지혜를 닦아 깨달음을 성취하려는 난행문難行門인 데 반해, 정토법문은 자신의 힘이 아니라 전적으로 아미타불의 본원력에 의해 극락에 왕생하여 깨달음을 성취하는 이행문易行門이기 때문이다. 더구나 그 수행하는 방법도 단지 '나무아미타불'이라는 여섯 자를 부르면 되기에 일반법문에 비해 매우 간단하여 남녀노소 누구나 할 수 있으며, 효과 또한 매우 빠른 수행법이다. 그래서 예로부터 정토법문은 출가자뿐 아니라 일반 재가자들도 매우 선호하는 보편적인 수행법으로 자리매김하여 왔던 것이다.

이 책은 중국 당나라 때 칭명염불을 통한 극락왕생을 주창

함으로써 당시 민중들에게 큰 영향을 끼친 선도대사善導大師의 정토사상에 입각해 대만의 혜정스님이 설한 순수정토법문을 모은 것이다. 주지하듯이 선도대사는 중국불교사에서 최초로 정토의 교리를 체계적으로 집대성하여 정토교를 크게 부흥시켰으며, '아미타불의 화신'이라고 불릴 정도로 정토불교에 끼친 영향력이 큰 스님이다.

선도대사의 정토법문은 보통 다른 정토법문과 구별하여 순수정토법문이라고도 일컫는데, 이는 선도대사가 다른 종파의 교리와 사상을 섞지 않고 순수하게 정토경전과 그 취지에 의거하여 오로지 칭명염불을 중심으로 하는 정토교를 정립시켰기 때문이다. 그래서 선도대사의 순수정토법문에서는 다른 여러 수행법보다 '나무아미타불'을 부르는 칭명염불을 가장 중시한다.

이러한 사실은 선도대사가 세운 교리체계인 오종정행五種正行과 정정업正定業에서 뚜렷이 드러난다. 오종정행이란 정토법문의 목적이 극락왕생이라는 전제하에 오로지 극락왕생을 위해 정토경전을 독송하고, 극락정토의 장엄을 관찰하며, 극락정토를 건립하고 중생을 극락으로 이끌어주시는 아미타불께 예배하며, 일심으로 아미타불의 명호를 칭명하며, 아미타불을 찬탄·공양하는 것을 말한다. 그리고 정정업은 오종정행 가운데 아미타불의 명호를 부르는 칭명정행만을 정정업으로 삼고 나머지 네 가지 정행을 조업으로 삼은 것이다.

따라서 선도대사의 순수정토법문은 이 책의 제목인 '염불하여 왕생하고, 왕생하여 성불하세'와 같이, 불교의 방대한 교리나 계율, 선정 등의 고도의 수행을 애써 닦을 필요 없이 그저 경전에서 설한 아미타불의 존재와 극락정토의 실재를 굳게 믿고, 극락왕생을 간절히 발원하며, 오로지 나무아미타불만 부르면 반드시 극락왕생할 수 있으며, 극락에 왕생하기만 하면 그곳은 열반의 세계와 같기 때문에 저절로 수행이 이루어져 한 생에 성불할 수 있다는 가르침이다. 세간에서 속담처럼 얘기하는 "노는 입에 염불하세"란 말은 바로 이런 순수정토법문의 가르침과 매우 부합하는 표현이라 할 수 있다. 남녀노소와 빈부의 차이, 학력과 재력의 여부와 상관없이 입이 달린 사람이라면 누구나 할 수 있는 나무아미타불 염불, 바로 이것이 선도대사 순수정토법문의 핵심이기 때문이다.

역사적으로, 그리고 수행방법적인 관점에서 볼 때 중국에서의 정토사상은 크게 세 가지 흐름으로 분류되어 왔다. 하나는 『반주삼매경』에 근거하여 견불見佛 왕생을 중시하는 여산廬山 혜원慧遠의 백련결사白蓮結社 계통이고, 둘째는 담란曇鸞, 도작道綽, 선도, 회감懷感 등으로 이어지는 칭명염불 계통이며, 셋째는 혜일慧日, 승원承遠, 법조法照, 영명연수永明延壽 등으로 이어지는 선정쌍수禪淨雙修 계통이다.

첫째의 백련결사 계통은 이후의 역사 속에서 그 수행방법을 조금씩 달리하면서 수많은 염불결사로 그 외적인 형태를 이어 왔고, 셋째의 선정쌍수 계통은 특히 영명선사 이후 염불의 필요성을 느낀 수많은 선사들이 참선과 염불의 융합점을 모색하면서 그 전통을 확립해 왔다. 그리고 정토교로서의 독립된 교학을 확립한 것이 바로 선도대사로 대표되는 칭명염불 계통이다.

선도대사는 담란, 도작으로 이어지는 법맥에 근거하여 자신의 정토교학을 정립했는데, 당시에는 선도대사의 칭명염불이 크게 융성하였지만 당말 오대의 폐불을 거치면서 선도대사 계통의 전적들이 중국에서 사라지게 되었다. 그리고 그것이 일본으로 전해져 법연法然상인에 의해 일본 정토종으로 되살아나게 된다. 한편 선도대사의 전적이 사라진 중국에서는 천태종, 화엄종, 선종 등의 각 종파에서 자기 종파의 교리에 입각하여 정토를 해석하여 천태정토, 화엄정토, 염불선 등 여러 종파의 교리가 섞인 정토의 전통이 오랫동안 이어져 왔다. 그러다가 청나라 말엽에 양인산楊仁山 거사가 중국에서 유실된 경론들을 다시 중국으로 반입하여 금릉각경처金陵刻經處를 통해 판각하고 인쇄하여 유통시킴으로써 선도대사의 정토신앙이 되살아나는 계기가 되었다.

특히 청말 민국 초에 대덕으로 존경받던 인광대사가 칭명염불을 선양하여 중국불교계에 엄청난 영향력을 끼치게 된다. 현재 대만을 포함한 중국불교계에 정토염불이 크게 성행하는 것도 거의가 인광대사의 영향이라 할 수 있는데, 인광대사가 칭명염불을 적극적으로 주창한 것은 바로 선도대사의 저작들을 접했기 때문이라고 할 수 있다. 실제로 인광대사의 편지를 모은 『인광대사문초』에서는 선도대사에 대해 '그분은 아미타불의 화신이기에 선도대사의 말씀은 부처님 말씀과 같이 여겨야 한다'는 말을 자주 찾아볼 수 있다.

우리가 배우는 불법의 최고 관심사는 결국 존재의 근원적 문제인 생사를 해결하는 것에 있다. 삶을 통해, 그리고 수행을 통해 생사문제를 해결하지 못하고 존재의 본래면목인 깨달음을 얻지 못한다면, 물론 그 나름의 의미는 있을지 몰라도 불교 공부의 궁극목적을 다 했다고 자처하지 못할 것이다. 그런데 한번 생각해 보자. 현실적으로 우리는 과연 이 삶이 다하기 전까지 생사를 해탈하고 깨달음을 얻을 수 있는가? 이 질문에 우리는 진지하게 고민하지 않을 수 없을 것이다.

스스로를 둘러보았을 때, 철저하게 계율을 지키며 오랜 세월 동안 용맹정진으로 깊은 선정을 닦아 심오한 지혜를 계발하여 마음과 몸이 함께 깨달음을 얻어 생사를 해탈할 수 있는 그릇이 되는가? 만약 그럴 능력이 내게 없다면, 또는 시간적으로 도저히 불가능할 것이라고 자각한다면, 성취 못할 어려운 수행에 기약 없이 매달리기보다 아미타불과 극락에 대한 깊은 믿음으로 성취되는 정토법문에 귀를 기울이는 것이 보다 편안하고 솔직하고 현명한 방법이 되지 않을까.

끝으로, 이 책은 이 땅에 선도대사의 순수정토를 널리 선양하고 있는 〈순정시대〉에 의해 법보시 책으로 몇 차례 배포된 것을 다시 수정하여 출간하는 것임을 밝힌다. 아무쪼록 이 책을 통해 많은 분들이 정토염불법문의 이익을 얻으시길 진심으로 기원한다.

정전, 원왕생 씀

머리말 5
혜정법사에 대한 소개 13

아미타불은 어떤 부처님이신가? / 15

아미타불은 어떤 부처님이신가? • 17
1. 아미타불은 본원을 성취하신 부처님이시다 • 19
2. 아미타불은 중생을 구제하시는 부처님이시다 • 45
3. 아미타불은 광명으로 거두어주시는 부처님이시다 • 52
4. 아미타불은 임종 때 맞이하러 오시는 부처님이시다 • 58
5. 질문과 대답 • 64

순수한 정토법문 / 89

머리말 • 91
제1장 수당정토와 송명정토 • 96
제2장 제18원과 제19원 • 113
    48원의 분류 • 113
    제18원 • 122
    제17원 • 136
    제19원 • 148
제3장 문답 • 159

선도대사 약전 / 171

혜정법사에 대한 소개

혜정법사慧淨法師는 1950년 대만의 남시南市에서 태어났다. 어릴 때 서당에서 교육을 받아 중국의 전통문화에 대해 깊이 기초를 닦았다. 성년이 된 이후로는 불교에 귀의하여 즐겨 경을 독송하고 염불하기를 좋아했다.

1977년 불광산의 성운星雲대사에게 출가했는데, 법명은 심엄心严, 별호는 혜정이라 했다. 1985년 봄에 성운대사에게 청하여 홀로 자주산自住山에 가서 3년간 수행했다. 이때 염불을 위주로 하였으며, 『인광대사문초印光大師文鈔』를 읽고 정토에 관한 글을 저술했다. 또한 일본의 법연대사가 쓴 『선택본원염불집選擇本願念佛集』을 연구함으로써, 정토법문은 마땅히 선도대사의 가르침이 가장 순수하고 바르다는 것을 알았다.

1988년 가을부터는 일본 교토京都에 있는 오오타니 대학大谷大學으로 유학하여 선도대사 계열의 정토사상을 연구하였다. 1993년 여름에 타이완으로 돌아와 선도대사의 정토법문을 펴기 시작했으며, 수차례 홍콩, 마카오, 중국과 뉴질랜드 등지에서 홍법하였다.

2003년 이후로 타이베이 상산象山의 수행처에서 주석했는데, 이후로 상산은 하루 종일 염불하는 '미타촌彌陀村'이 되어 갔으며 대만 내에서 '정토종 선도류'의 총본산이 되었다.

혜정법사의 인품은 순박하고 인정이 두터우며, 꾸밈이 없고 검소하며, 하루 종일 염불을 그치지 않고 계속하는 스님이다. 그는 자신의 전 생애를 정토법문에 투신했는데, 그러한 인품의 특성이 자연스럽게 드러나 사람들에게 비할 바 없이 큰 감화력을 주고 있다.

혜정법사의 저술은 『선도대사전집』, 『법연상인전집』, 『염불감응록』 등 20여 종이 있는데, 근본 종지는 모두 선도대사께서 가르치는, 아미타불이 구제하심을 믿고, 오로지 아미타불의 명호를 불러 극락왕생을 발원하는 것이다.

또한 혜정법사는 2013년 두 차례나 초청되어 한국의 정토 염불행자들을 위한 법문을 해주었다.

아미타불은 어떤 부처님이신가?

혜정법사 법문 ― 원왕생 번역

아미타불은 어떤 부처님이신가?

[2006년 10월 하문厦門에서의 법문
  - 혜정慧淨법사 -]

여러 법사님들과 연우님들, 나무아미타불!

저는 어릴 때부터 대만에서 태어나고 자랐습니다만, 이곳 하문 지방은 제가 일찍이 와보고 싶어 했던 곳입니다. 왜냐하면 저의 선조들이 복건 장주漳州와 하문 일대에서 왔기 때문입니다. 오늘 선조들이 뿌리내렸던 고향에 돌아올 수 있게 되어 기쁨과 슬픔이 교차하는 것이, 몹시 감회가 깊다고 말할 수 있겠습니다.

오늘 이 자리에 있는 우리들은 서로 간에 친밀하고 느긋하며 자유롭고 활기찬 방식으로 우리들의 공통 관심사인 불법을 논의할 수 있기를 희망합니다.

불법은 매우 광대하여 이른바 팔만사천법문, 심지어 한량없는 법문이 있습니다. 법문이 너무나 방대하기 때문에 일반인들이 제대로 이해하기란 그리 쉽지 않습니다. 그런 까닭에 불법이 중국에 전해진 뒤에 조사님들은 이를 여덟 가지 큰 종파(八大宗派)로 귀결시키고자 했습니다. 이 팔대종파 가운데 예로부터 지금까지 가장 보편화되어 있고, 오래토록 쇠퇴하지 않으며, 세월이 흐를수록 늘 새로워지는 것이 바로 정토법문입니다.

정토법문, 다시 말해 정토종은 '나무아미타불'을 부르는 법문입니다. 비록 많은 사람들이 불교의 교리를 모른다 하더라도 한 구절 '아미타불'은 누구나 다 알고 있고, 출가인과 마주치면 '아미타불' 하고 부를 줄도 알며, 설령 불교 교리를 전혀 모르는 비불교도라 해도 불교를 배우는 사람이나 출가 대중을 만나면 모두 '아미타불'을 떠올리게 됩니다. 여기서 이 한 구절 '나무아미타불'은 불교 안팎의 모든 사람들이 익숙할 정도로 보편화되어 있다는 것을 알 수 있습니다.

그런데 아미타불은 어떠한 부처님이십니까? 이에 대해 오늘 저는 사(事: 현상)와 이(理: 이치)의 두 방면으로 구별하여 설명해 보도록 하겠습니다.

1. 아미타불은 본원本願을 성취하신 부처님이시다.
2. 아미타불은 중생을 구제하시는 부처님이시다.
3. 아미타불은 광명으로 거두어주시는 부처님이시다.
4. 아미타불은 임종 때 맞이하러 오시는 부처님이시다.

1
아미타불은
본원을 성취하신
부처님이시다

아미타불이 나무아미타불이 되신 까닭은 그 부처님의 본원本願 때문입니다. 만약 아미타불께서 본원이 없으셨다면 이처럼 위대한, 능히 우리들을 구제하실 수 있는 부처님은 없었을 것입니다. 물론 한 분 한 분의 부처님들이 성불하신 까닭은 각 부처님마다의 본원이 있었기 때문입니다. 다만 아미타불의 본원은 다른 모든 부처님들과는 차별이 있으니, 이는 시방의 모든 부처님들에게는 없는 것이자 시방의 모든 부처님들을 뛰어넘는 본원이라는 것입니다. 그런 까닭에 아미타불께서 성불하신 뒤에, 당신의 본원에 의하여 성취하신 큰 힘은 특별히 수승하고 광대하며 넓고도 깊습니다.

'본원'은 '총원總願'과 '별원別願'으로 나눌 수 있습니다. 본원에서의 '본本' 역시 '인본(因本: 인지因地의 본원)'과 '근본(根本: 주요한 본원)'의 두 가지로 구별할 수 있습니다. 우리는 여기서 '본원'이란 두 글자부터 먼저 간략하게 살펴보겠습니다.

한 분 한 분의 부처님은 성불하시기 전에 모두가 반드시 먼저 '사홍서원四弘誓願'을 발해야 합니다. 그런 까닭에 불문佛門의 제자들은 매일 부처님 앞에서 「참회문懺悔文」을 읽으면서 자기의 죄업을 참회함과 동시에 보리심을 발發합니다. 발보리심發菩提心이란 사실상 바로 이 사홍서원이라는 게송을 소리내어 읽는 것입니다. "가없는 중생을 제도하길 서원합니다. 다함없는 번뇌를 끊기를 서원합니다. 한량없는 법문을 배우기를 서원합니다. 위없는 불도를 이루기를 서원합니다(衆生無邊誓願度, 煩惱無盡誓願斷, 法門無量誓願學, 佛道無上誓願成)." 이것은 모든 부처님들이 똑같이 발원해야 하는 것입니다. 따라서 '사홍서원'은 '총원'에 속하며, 한 분 한 분의 보살님과 부처님에게 다 통합니다.

그러나 '별원'에 있어서는 각자가 같지 않습니다. 예컨대 석가모니부처님께서는 500가지 원願을 발하셨고, 약사불께는 12가지 원이 있으시고, 아미타불께는 48대원이 있으신 것 등입니다.

『무량수경』에 아미타불께서 "나는 세상을 초월하는 원을 세

우리라(我建超世願)"고 말씀하신 뜻은, 아미타불의 그 당시 발원은 시방의 모든 부처님의 발원을 뛰어넘고 시방의 모든 부처님에게는 없는 원이라는 것입니다. 석가모니불께서 아미타불을 소개하실 때에도 "모든 부처님을 뛰어넘는 발원(發願逾諸佛)"이라고 말씀하셨습니다. 다시 말해 아미타불께서 발하신 48원은 시방세계의 모든 부처님들의 원을 초월하는 원이라는 것입니다.

『무량수경』에는 아미타불께서 발원하신 시간이 얼마나 오래되었다고 나옵니까? 경에서 (석가모니불께서) 말씀하시길 "5겁 동안이나 충분하게 불국토를 장엄하고 청정하게 할 행을 사유하여 선택하셨느니라(具足五劫, 思惟攝取, 莊嚴佛國, 淸淨之行)"고 하셨습니다.

아미타불께서는, 어떻게 하면 아주 간단하고 쉽게 시방중생들을 구제할 수 있을까? 어떻게 하면 시방중생들이 극락세계에 한 번 왕생하면 빨리 성불하게 할 수 있을까? 하는 것을 상세하게 고려하고 계획하셨는데, 이러한 목적을 달성하기 위하여 아미타불께서는 5겁이나 되는 기나긴 시간 동안 끊임없이, 지속적으로 주도면밀하게 사유하셨던 것입니다.

발원을 한 뒤에, 만약 계속하여 공덕을 쌓기 위해 육도만행六度萬行도 닦고 널리 무량한 법문을 배우지 않는다면 이런 발원은 헛된 발원이나 마찬가지일 것입니다. 그래서 아미타불께서는 또 얼마나 오랜 시간 동안 공덕을 쌓으셨겠습니까? 경(『무량수경』)에서 말씀하시기를 "불가사의한 조재영겁의 세월 동안 보살의 무량한 덕행을 쌓고 심으셨다(於不可思議兆載永劫, 積植菩薩無量德行)"고 하셨습니다. 불가사의한 조재영겁이라는 그렇게 기나긴 시간을 거치면서 끊임없이 공덕을 쌓으신 것입니다.

'조兆'와 '재載'라는 이 두 가지 숫자는 모두 매우 큰 숫자입니다. '조'는 그런대로 우리들이 상상할 수 있지만 '재'에 이르면, 중국의 숫자 중에서 '재'보다 더 큰 숫자는 거의 없습니다. 그리고 '조재' 이외에 또한 '영永'이 있는데, 이 숫자라면 더욱 깁니다. '영'은 영원하다는 뜻으로 시간을 초월합니다. '겁劫'은 천문학적인 숫자이지만 그래도 헤아릴 수는 있습니다. 하지만 '불가사의한 조재영겁'에서 '불가사의'라는 네 글자는 헤아릴 수가 없습니다. 왜냐하면 이른바 '불가사의'는 말할 수도 없고 일컬을 수도 없고 상상할 수도 없다는 말이기 때문입니다. 아미타불께서는 이처럼 오랜 시간 동안 보살의 무량한 덕행을 쌓고 나서 비로소 당신이 세우신 48대원을 완성할 수 있으셨는데, 모든 원 하나하나가 진실로 원만하게 구족했습니다.

아미타불께서는 이러한 48대원을 완성하기 위하여 그렇게 기나긴 시간을 거치셨는데, 이 기나긴 시간 동안 다른 부처님들은 인지因地에서부터 수행을 시작하여 불과를 증득하시고,

다시 과지果地에서 (사바세계로) 되돌아와 널리 중생을 제도하시고는 열반에 드셨지만, 아미타불께서는 그때까지도 여전히 수행을 하고 계셨고 여전히 중생을 위하여 공덕을 쌓고 계셨습니다. 왜 48대원을 그렇게 긴 시간 동안이나 사유하셨을까요? 왜 48대원을 완성하기 위해 반드시 그렇게 긴 시간(수행)이 필요하셨을까요? 이것은 48대원 가운데 가장 중요하고 핵심이 되는 '근본 원'을 철저하게 성취해야 하셨기 때문입니다.

　인지因地의 측면에서 말하자면, 인지에서 세운 48대원은 하나하나의 원이 모두 인지의 본원이지만, 그 가운데 가장 근본이 되는 원이 있으니 바로 제18원입니다. 무엇 때문에 정토법문에서 아미타불의 본원을 말할 때에 전부 제18원을 지목하는 걸까요? 48원 가운데서 만약 제18원이 없다면 48원은 귀하고 수승하다고 말할 수 없기 때문이며, 오직 제18원이 있어야만 비로소 아미타불 48원의 귀중함이 드러나기 때문입니다.

　제18원은 시방세계 중생들을 구제해야 할 원입니다. 시방세계 중생의 범위는 한없이 넓어 이른바 '십법계十法界'의 중생이 있습니다. '십법계'는 사성법계(四聖法界: 불·보살·연각·성문)와 여섯 가지 범부법계(凡夫法界: 천상·아수라·인간·지옥·아귀·축생)를 포함합니다. 사성법계는 이미 범부를 초월하여 성인의 경지에 들어(超凡入聖) 삼계육도三界六道에서 생사윤회를 하지 않는 성자들이며, 다른 여섯 가지 법계는 아직도 육도

가운데서 생사윤회를 하고 있는 범부들입니다. 이 십법계 가운데서 불법계를 제외한 나머지 구법계의 유정들은 모두가 다 아미타불께서 구제할 대상이니, 이는 바로 제18원이 구제하는 시방세계의 중생들입니다.

　제18원은 정토법문의 근본입니다. 단지 아미타불의 본원일 뿐만 아니라, 시방세계 모든 부처님의 본마음(本懷: 본래 품으신 마음)이기도 하며, 나아가 시방세계의 모든 부처님들께서 권장하고 칭찬하고 호념하시는 원이기도 합니다. 『무량수경』에서 말씀하셨습니다.

"미래 세상에 불도가 멸하고 경전이 다 없어진다 해도, 나는 자비한 마음으로 가엾게 여겨 특별히 이 경전만은 백 년 동안 세상에 더 머물게 할 것이니, 그 중생들 가운데 이 경전을 만나는 이는 원하는 바에 따라서 모두 구제받을 수 있을 것이다(當來之世 經道滅盡 我以慈悲哀愍 特留此經 止住百歲 其有衆生 値斯經者 隨意所願 皆可得度)."

　석가모니부처님의 이 말씀은, 제18원의 아미타불의 구제 법문이 영원히 우주 가운데 보존되어, 설령 앞서의 부처님께서 열반에 드시고 다음의 부처님께서 아직 인간 세상에 오시지 않았다 하더라도, 이 법문이 영원히 세상에 널리 퍼질 수 있도록 하시겠다는 것이었습니다.

　제18원은 모두 서른여섯 글자로 되어 있습니다. 이 서른여섯 글자를 여러분들이 외울 수 있으면 되도록 외우십시오. 왜냐하면 이것은 이 법문의 근본으로 가히 아미타불의 생명이요, 또한 우리들의 생명이라고 말할 수 있기 때문입니다. 제18원이 있었기 때문에 법장비구가 아미타불이 되실 수 있었으며, 제18원이 있기 때문에 우리들이 금생에 생사윤회에서 해탈할 수 있는 것입니다.

　여러분, 합장하시기 바랍니다. 제18원의 서른여섯 글자를, 우리들이 경건하고 정성스럽고 공경하는 마음으로 한번 독송하도록 하겠습니다.

設我得佛 十方衆生 至心信樂 欲生我國 乃至十念 若不
설 아 득 불　시 방 중 생　지 심 신 락　욕 생 아 국　내 지 십 념　약 불
生者 不取正覺 唯除五逆 誹謗正法
생 자　불 취 정 각　유 제 오 역　비 방 정 법

(만약 제가 부처가 될 적에 시방세계 중생이 지극한 마음으로 기쁘게 믿고, 나의 나라에 왕생하고자 바라며 열 번만이라도 내 이름을 불러서 만약 왕생하지 못한다면 정각을 취하지 않겠습니다. 다만 오역죄를 범하는 사람이나 정법을 비방하는 사람은 제외합니다.)

합장을 푸십시오.

이 서른여섯 글자는 아미타불께서 당신 자신이 품고 계신 생각을 겉으로 드러낸(自我發露) 중요한 내용으로서, 당신의 성불은 시방세계 중생을 구제하여 극락세계에 왕생하도록 하기 위한 것이므로, 시방세계의 중생들이 극락세계에 왕생하기를 원하여 한결같이 '나무아미타불'이라는 만덕홍명을 부르기만 하면, 아미타불께서는 이 중생이 금생에 반드시 극락세계에 왕생하도록 하시겠다는 내용입니다.

만약 어떤 중생이라도, 아미타불께서 그 중생을 극락세계로 왕생토록 하지 못한다면 아미타불께서는 성불하지 않겠다고 말씀하신 것입니다. 바꾸어 말하면, 만약 왕생하지 못하는 중생이 단 한 명이라도 있다면 당신의 능력이 아직 충분히 갖추어지지 않았고, 아직 성불의 자격이 없는 것으로, 모든 중생들이 아미타불의 명호를 부르기만 하면 극락세계에 왕생할 수 있도록 충분한 능력을 갖출 때까지 더욱더 수행을 하고, 더욱더 공덕을 쌓아서 비로소 성불하시겠다는 것입니다.

이렇게 말한다면, 다른 부처님이 된다는 것은 그나마 쉬운 편입니다. 삼대아승지겁이면 충분하니까요. 이른바 (부처가 되기 위해) "삼대아승지겁 동안 복과 지혜를 닦고, 백겁 동안 상호를 장엄한다(三祇修福慧 百劫種相好)"는 말이 그것입니다. 그런데 아미타불이라 하는 이 부처님께서 조재영겁의 시간을 거치면서 보살의 무량한 공덕을 쌓아 비로소 성불하실 수 있었던 것은, 그분께서 보편적이면서도 간편하고 쉽게 모든 중생을 구제하기를 원하셨기 때문에 이렇게 오랜 시간이 반드시 필요했던 것입니다.

아미타불의 구제 대상은 '시방세계의 중생'입니다. 우리들 사바세계에서 탐욕과 성냄과 어리석음(貪嗔痴)이 특별히 왕성하고 강하며, 죄업이 유난히 깊고 무거운 범부들도 전부 아미타불께서 구제해야 할 대상입니다. 시방세계 중생에는 성인과 범부가 포함되어 있고, 범부에는 선인과 악인이 포함되어 있으며, 그리고 아비지옥의 중생도 포함되어 있습니다. 이것은 바로 아미타불의 구제는 분별이 없고 평등하다는 것을 가리키고 있습니다. 성인과 범부, 선인과 악인, 출가자와 재가자, 수행을 잘하는 자나 못하는 자, 마음이 청정한 자나 청정하지 못한 자 관계없이 모두가 다 아미타불께서 구제해야 하는 대상입니다. 어느 중생이든 극락에 왕생하기를 원하고, 아미타불의 명호를 칭념하기만 하면 아미타불께서는 반드시 그를 왕생하도록 해주십니다.

그렇다면 아미타불께서 중생을 구제하시는 조건은 무엇일까요? 아미타불께서 중생을 구제하시는 조건은 매우 간단합니다. 바로 제18원에서 말씀하신, "지극한 마음으로 기쁘게 믿고, 나의 나라에 왕생하고자 바라며 내지 열 번만이라도 내 이름을 부르면(至心信樂 欲生我國 乃至十念)"이니, 이렇게만 하면 바로 왕생할 수 있습니다.

"지극한 마음으로 기쁘게 믿고(至心信樂)"에서 "지극한 마음(至心)"은 바로 경건하고 정성스런 마음이며 진실한 마음입니다. 우리들이 극락세계에 왕생하려는 마음은 진실되고 정성스러워야 합니다. 입으로는 왕생해야 한다고 하면서 마음속으로는 도리어 왕생할 생각이 없거나, 혹은 장래에 다시 사람으로 태어나 복을 누리기를 바란다거나 해서는 안 됩니다. 이것은 "지극한 마음"이 아닙니다. 그런 까닭에 이 "지극한 마음"에는 "기쁘게 믿고(信樂)"가 포함되어 있고, "극락세계에 왕생하고자 하는(欲生極樂世界: 欲生我國)" 마음이 포함되어 있으며, "내지 열 번만이라도 내 이름을 불러서(乃至十念)"도 포함되어 있습니다. 우리는 어떠한 일을 하더라도 모두 진실한 마음(眞心)이 필요합니다. 사람과 사람이 함께 있을 때, 만약 진실한 마음이 없다면 바로 겉치레의 호의일 뿐이지요. 그렇다면 그것은 의미가 없고 존재 가치가 없는 것입니다. 하물며 극락세계에 왕생하여 삼계육도의 생사윤회를 벗어나는 이 중요한 큰일에 어떻게 진실한 마음이 없을 수 있겠습니까?

간단히 말해, 아미타불께서 우리를 구제해 주시는 조건은 바로 "지극한 마음으로 기쁘게 믿고, 나의 나라에 왕생하고자 바라며 내지 열 번만이라도 내 이름을 부르는(至心信樂 欲生我國 乃至十念)"것입니다. "지심(至心: 지극한 마음)"이란 이 두 글자는 "기쁘게 믿고, 나의 나라에 왕생하고자 바라며 열 번만이라도 내 이름을 부르는"것을 관통하고 있습니다. "기쁘게 믿고(信樂)"는 바로 '믿음(信)'이고, "나의 나라에 왕생하기를 바라며"는 바로 극락왕생을 원하는 '발원(願)'이며, "내지 열 번만이라도 내 이름을 부르는" 염불은 바로 '수행(行)'입니다. 그러므로 "기쁘게 믿고"는 바로 "기쁘게 믿고 왕생하기를 바라는"것이며, 여기에 "내지 열 번만이라도 내 이름을 부르는"것을 더하면 바로 '신信·원願·행行'(삼자량)이 됩니다. 여기서 제18원은 신·원·행을 다 갖추고 있으며, "지극한 마음"은 신·원·행을 관통하고 있다는 사실을 알 수 있습니다.

조금 더 자세히 말하자면, "지극한 마음"이란 곧 진실한 마음(眞心)이니, 우리들이 극락세계가 있음을 믿고 아미타불이 계심을 믿는다는 것은, 반드시 진심으로 믿어야 한다는 것입니다. 그렇지 않고 극락세계가 있고 아미타불이 계신다는 말을 들었음에도 불구하고, 자기 스스로 그다지 확신하지 못하고 마음속으로 의문을 품는다면 그것은 "지극한 마음"이라고 할 수 없습니다.

따라서 극락세계가 있음을 믿고, 아미타불께서 계신다는 것을 믿으며, 아미타불의 구제를 믿고, 극락세계가 우리의 마지막 종착점임을 믿는 것이니, 이것을 모두 진정으로 믿어야 합니다. 아미타불의 입장에서 말하자면, 아미타불께서는 우리를 부르시며 "너는 나의 극락세계로 왕생해야 한다"고 말씀하시는 것이고, 우리의 측면에서 말하자면, 바로 "저는 극락세계에 왕생할 것을 발원합니다"는 것입니다. 아미타불께서 우리를 구제하여 극락세계로 데려가신다는 것은 진심이므로 우리가 극락세계로 왕생하려는 발원도 진심이어야 하며, 남을 따라서 단지 건성으로 회향게만 읽어선 안 됩니다.

"내지 열 번만이라도 내 이름을 부름(乃至十念)"이란 바로 지금 이후로 우리에게 하루의 시간이 있으면 하루 동안 염불하고, 이틀의 시간이 있으면 이틀 동안 염불하며, 이레의 시간이 있으면 이레 동안 염불한다는 것입니다. 만약 이렛날에 수명이 다하면 바로 극락세계에 왕생하고, 만약 수명이 연장되어 여드렛날이 되면 여드렛날 동안 염불하며, 만약 8년 혹은 80년을 더 산다면 한평생 동안 오로지 이 한 구절 "나무아미타불"만을 불러야 합니다. 그러면 다른 법문을 빌려 (정토로) 회향할 필요가 없이, 염불을 하는 즉시 왕생의 공덕이 모두 갖추어지게 됩니다.

제18원에서는 믿음과 발원과 수행(신信·원願·행行)에 대해 설명하고 있습니다. '믿음(信)'이 바로 "지극한 마음으로 기쁘게 믿는(至心信樂)"것이라면, "나의 나라에 왕생하기를 바라며(欲生我國)"는 무엇일까요? 아미타부처님 입장에서 말씀드리자면, 아미타불께서는 우리들이 당신의 구제를 받아 극락세계로 갈 수 있도록 매순간 우리들을 부르면서 우리들에게 부탁하고 계시는 것입니다. 이것이 바로 아미타불께서 "나의 나라에 왕생하기를 바라며(欲生我國)"라고 말씀하신 부처님의 마음입니다. 우리 중생들의 입장에서 말씀드리자면, 바로 "저 나라에 왕생하기를 원하는(願生彼國)"것인데, 서방정토에 왕생하기를 발원하여 아미타불의 부름과 구제에 따르는 것이 곧 '발원(願)'입니다. '수행(行)'은 "내지 열 번만이라도 내 이름을 부름(乃至十念)"이니, 지금 이후로 오직 한마음으로 "나무아미타불"을 부르기만 하면 되는 것입니다.

아미타불께서 비록 우리와 구제의 조건을 맺으셨다 해도, 이 구제의 조건은 사실 거의 조건이 없는 것이라고 말할 수 있습니다. 왜냐하면 우리는 단지 아미타불의 구제를 믿고 받아들여 극락세계에 왕생하기를 발원하고, 그 뒤로는 우리에게 얼마간의 시간이 남아 있으면 얼마간의 시간 동안만 염불을 하면 되기 때문입니다. 우리가 염불할 때에는 번뇌가 있건 없건, 망상잡념이 있건 없건 관계없이 전혀 신경 쓸 필요가 없습니다. 아미타불께서는 우리에게 단지 이와 같은 조건만을 정해주셨기 때문에, 비록 조건이 있다 해도 거의 조건이 없는 것이라고 말할 수 있습니다. 우리는 단지 극락세계에 왕생하기를 원하기만 하면 되기 때문입니다. 돈을 지불해야 할 필요도 없으며, 어떠한 다른 손실도 없습니다.

나무아미타불을 부르는 것은 가장 간단한 것입니다. 우리가 말만 할 줄 알면 염불을 할 수 있습니다. 단지 말을 하듯이 염불을 하라는 것뿐입니다. 그러므로 염불하고 극락왕생을 원하는 것이 우리에게는 매우 간단하고 쉽다고 말할 수 있습니다. 돈이 드는 것도 아닐 뿐더러 밑질 것도 없습니다. 특히 우리가 염불하는 시간에는 비교적 망상잡념 등의 번뇌가 없으니, 이러한 염불은 우리를 더욱 홀가분하게 해줍니다. 그렇지 않습니까?

【대중들: 그렇습니다.】

만약 번뇌가 생길 때나 혹은 몸이 아프고 마음이 매우 답답할 때, 염불을 하게 되면 자기도 모르는 사이 마음이 평온해지게 됩니다. 결국 아미타불께서 이 한 구절 부처님 명호를 부르라고 하신 것은 우리에게 오직 이로움만 있을 뿐 해로운 것은 하나도 없습니다. 그렇지 않습니까?

【대중들: 그렇습니다.】

극락세계에 왕생하기를 원하는 것은 극락을 그리워하고 왕생을 원하는 일종의 마음입니다. 그 마음 자체는 어떤 대가를 지불해야 할 필요가 없습니다. 많은 시간과 금전이 필요 없을 뿐만 아니라 노력을 들일 필요도 없고, 동시에 본전을 까먹거나 손해를 볼 일도 없습니다. 극락왕생은 오직 백 가지 이익만이 있을 뿐, 손해라고는 단 하나도 없다는 것입니다.

 만약 내기를 하는 방식으로 말하자면, 제가 비록 극락세계가 있음을 그다지 믿지 못하고 극락세계가 있음을 확신하지 못한다 하더라도, 그래도 저는 여전히 극락왕생을 원할 것입니다. 왜냐고요? 만약 진짜로 생사윤회가 없고 극락세계가 없다고 해도 본전을 잃거나 손해를 보는 어떠한 일도 없기 때문입니다. 그러나 만약 생사윤회가 있고 극락세계가 있다면 공짜로 이득을 본 게 아니겠습니까? 게다가 그 이익은 계산할 방법이 없는, 우주에서 가장 큰 선근과 가장 큰 복덕을 전부 얻는 것입니다. 왜냐하면 만약 진짜로 극락세계가 있다면 우리는 극락세계에 왕생함으로써 틀림없이 삼계육도의 생사윤회에서 벗어나게 되고, 틀림없이 성불을 하게 되며, 틀림없이 부처님과 같은 무량한 수명·무량한 광명·무량한 지혜·무량한 자비를 갖게 되고, 아미타불과 같은 48대원을 갖추고서 타방세계·시방세계·무량세계에 분신으로 가서 널리 중생구제를 할 수 있기 때문입니다. 그렇다면 왕생을 원하는 이 하나의 마음으로 큰 이익을 얻는 것이 아니겠습니까!

비록 우리들이 범부여서 마음의 힘이 매우 약하고 어리석고 번뇌가 깊고 무거울지라도, 우리들이 단지 극락세계에 왕생하려는 이 하나의 발원만 있다면 이 원은 바로 큰 원(大願)입니다. 왜 그렇습니까? 이 하나의 원이 능히 우리를 왕생하여 성불케 하기 때문입니다! 만약 이 원이 없다면 우리들은 계속 육도에 윤회할 것이고, 만약 이 원이 없다면 가장 큰 선근과 가장 큰 복덕을 잃게 되고 말 것입니다.

한 걸음 더 나아가 말하자면, 우리들이 아미타불의 구제를 믿는 이 하나의 믿음은 '큰 믿음(大信)'이고 불가사의한 믿음입니다. 왜 그렇습니까? 아미타불께 불가사의한 공덕이 있음에도 불구하고 우리들이 의외로 믿고 받아들일 수 있으니, 이 믿음이야말로 어찌 불가사의한 믿음이 아니겠습니까?

우리는 이곳 하문의 맞은편 기슭에 금문현이 있고, 금문현을 지나면 대만台灣이 있다는 것을 믿습니다. 비록 우리가 가본 적이 없거나 두 눈에 보이지 않더라도 우리는 금문과 대만이 있다는 사실을 믿습니다. 물론 이런 믿음도 진정한 믿음입니다. 하지만 이런 식의 믿음이 소중할까요? 이런 믿음에는 아무런 소중함도 없습니다. 왜냐하면 믿거나 말거나, 우리가 생사윤회에서 해탈하는 것에 대해 보탬이 되는 것도 아니고 방해가 되는 것도 아니기 때문입니다. 따라서 이런 믿음은 단지 범부의 세속적인 믿음일 뿐입니다.

하지만 만약 우리가 아미타불의 구제가 있음을 믿고 극락세계라는 돌아갈 곳이 있음을 믿는다면, 비록 같은 믿음이라 해도 내용이 다르므로 그 가치도 따라서 다르게 됩니다. 아미타불의 구제가 있음을 믿고 극락세계라는 돌아갈 곳이 있음을 믿는 것은 우리로 하여금 삼계육도의 윤회를 벗어나게 할 수 있으며 끝내는 우리를 성불하게 할 수 있는 것이므로, 이 어찌 더할 나위 없이 높은 믿음이 아니겠습니까!

'행行' 역시 마찬가지입니다. 우리가 단지 입을 벌리고 명호를 부르거나 마음속으로 나무아미타불을 부르기만 하면 이와 같은 행이 바로 '큰 행(大行)'이어서, 우리가 오계를 지키고 십선을 닦는 공덕보다 훨씬 큽니다. 왜냐하면 오계를 지키면 우리를 다시 사람으로 태어나게 하고, 십선을 지키면 우리를 천상에 태어나게 할 뿐으로, 오계와 십선의 인因과 과果는 여전히 거짓이고 뒤바뀐 전도顚倒이며 새어남이 있는 유루有漏이며 청정치 못한 것이기 때문입니다. (이에 대해 담란대사께서) 『왕생론주往生論注』에서 다음과 같이 말씀하셨습니다.

"인간과 천상의 모든 선과 모든 과보는 원인이든 결과이든 모두 전도된 것이고, 모두 허망하고 거짓된 것이다. 그러므로 진실하지 못한 공덕이라고 부른다(人天諸善 人天果報 若因若果 皆是顚倒 皆是虛僞 是故名不實功德)."

왜냐하면 그것은 여전히 육도윤회 가운데 있기 때문입니다. 하지만 이 한 구절 나무아미타불은 청정한 것이고, 진실한 것이며, 위없이 큰 이익이 있는 불가사의한 공덕입니다. 그러므로 우리들의 더러운 마음과 깨끗하지 못한 입으로 청정하고 진실하며 지극히 높고 위없는 이 한 구절 나무아미타불을 부르는 것은 큰 행과 다름없기에 유루有漏[1]가 아닙니다. 이 말을 다들 알아들으시겠습니까?

【대중들: 네!】

그런 까닭에 정토법문을 "이행도(易行道: 행하기 쉬운 길)"라 부르는 것입니다. 이행도에서 이른바 '이(易: 쉬움)'란 바꿔 말해 다음과 같습니다.

(1) 천이淺易: 이해하기 쉽고 복잡하지 않습니다. 이행도의 이치는 굉장히 간단명료하여, 심오하거나 어렵지 않고 한 번 들으면 바로 이해할 수 있습니다.

(2) 간이簡易: 단지 이 나무아미타불을 부르기만 하면 바로 왕생의 공덕을 원만하게 갖추게 되고, 왕생의 자량(資糧: 밑천)을 즉각 완성하여 백 퍼센트 확실하게 극락세계에 왕생하게

---

[1] 유루有漏: 새어나감이 있다는 뜻으로, 루는 번뇌의 다른 이름이며, 번뇌가 포함되어 있는 사물을 유루라 부른다. 일체 세간법은 모두 유루법이고, 번뇌로부터 벗어난 출세간법들은 모두 무루법이다.

됩니다. 경전을 많이 독송해야 하거나, 성지순례를 하면서 참회를 해야 하거나, 경전을 깊이 이해해야 하거나, 다라니나 주문을 많이 독송한 공덕을 통하여 왕생할 필요도 없습니다. 염불을 시작하는 때부터 임종 때까지 모두 다 한 구절 나무아미타불이면 됩니다.

　(3) 용이容易: 늙었거나 젊었거나, 현명하거나 어리석거나를 가리지 않고, 경전을 깊이 이해하거나 못하거나에 관계없이 사람마다 모두 다 실천할 수 있어야 비로소 쉽다(容易)고 할 수 있습니다. 왜냐하면 당신도 할 수 있고 다른 사람도 할 수는 있지만, 그 가운데 일부분의 사람들은 실천할 수가 없다면 이행도라고 할 수 없기 때문입니다. 이른바 '이행도'란 사람마다, 즉 어르신이나 어린아이나, 지혜가 있거나 없거나, 수행을 잘하거나 못하거나, 학문이 있거나 없거나, 선하거나 악하거나에 관계없이 모두가 다 실천할 수 있으며 모두가 다 극락세계에 왕생할 수 있어야 비로소 '이행도'라 부를 수 있는 것입니다. 만약 다른 법문을 배워서 성불을 하려 한다면 전부 '난행도(難行道: 가기 어려운 길)'일 수밖에 없는데, 이 난행도의 어려운 정도는 가히 '하늘에 오르는 것과 같은 어려움'이라고 말할 수 있습니다. 하지만 만약 극락세계에 왕생하기를 원한다면 손바닥을 뒤집는 것처럼 매우 쉬워서, 여러분들 모두가 다 해낼 수 있습니다.

(4) 안이安易: 이 법문을 닦기 시작하면 매우 편안하고 즐겁고 자재하여, 전혀 괴로움이 없습니다. 자력적인 '난행도'와는 완전히 다릅니다.

그런 까닭에 용수보살께서는 불교의 모든 법문을 두 가지 법문으로 요약하셨는데 하나는 '난행도'이고, 하나는 '이행도'입니다. '이행도'는 바로 아미타불의 제18원에 의한 구제를 가리킵니다. 이 '이행도'를 제외한 나머지 모든 종파와 다른 모든 법문의 수행은 전부 '난행도'에 속합니다.

우리가 난행도와 이행도의 차이를 쉽게 이해할 수 있도록 용수보살께서는 하나의 비유를 들어 설명해 주셨습니다. 용수보살이 말씀하시길 '난행도'는 '걸어서 가는 것'과 같고, '이행도'는 '배를 타고 가는 것'과 같다고 하셨습니다. 또 걸어서 가는 것은 괴로운 일이고, 배를 타고 가는 것은 편안하고 즐거운 일이라고 말씀하셨습니다. 옛날에는 교통수단으로 배를 타거나 소달구지나 마차를 타는 수밖에 없었으므로, 오늘날 비행기나 기차나 버스가 있는 것과는 다릅니다. 우리가 천 리 만 리나 되는 먼 지방에 가야 하는데, 만약 두 다리로 걸어서 간다면 몸이 건강하지 못한 사람이나 나이가 많은 사람의 경우에는 갈 방법이 없습니다. 설사 신체가 건강하고, 심지어 세계에서 달리기를 제일 잘하는 유명한 선수라 해도 반드시 도달할 수 있는 것은 아닙니다. 왜 그렇습니까? 산을 넘고 물을 건너고 재를 넘어서 먼 길을 고생고생하며 가야 할 뿐만 아니라 또 도처에서 도적을 만날 수도 있고, 굶주림과 추위와 피로로 인해 삼분의 일도 못 가서 전부 쓰러질 수도 있기 때문입니다. 이것은 마치 우리가 자력수행으로써 삼계육도의 생사윤회를 벗어나 마침내 성불의 경계에 도달하기를 바라는 것이 매우 어려운 것과 같습니다. 하지만 만약 우리가 아미타불의 구제에 의지한다면 매우 편안하고 즐겁습니다. 그런 까닭에 '이행도'는 바로 편안하고 즐거운 법문(安樂法門)이요, 편안하고 쉬운 법문(安易法門)입니다.

어째서 염불이 '이행도'일까요? 이는 전적으로 염불 그 자체에 아미타부처님의 본원에 의한 크나큰 힘의 가피력이 있기 때문입니다. 우리는 아미타불께서 세우신 원이, '중생들이 아미타불의 정토에 왕생하기를 원하고 오로지 아미타불의 명호를 부르기만 하면, 아미타불께서는 반드시 그를 왕생하도록 하신다'는 것임을 마땅히 알아야 합니다. 이런 까닭에 아미타불께서는 조재영겁(兆載永劫: 셀 수 없이 긴 세월)이란 세월 동안 지속적으로 우리를 위하여 극락세계에 왕생할 수 있는 공덕을 쌓으셨고, 우리가 극락세계에서 빨리 성불할 수 있는 공덕을 쌓으셨으며, 우리가 세세생생 동안 지어온 빚(업보)을 갚아주시기 위해 필요한 공덕을 쌓으신 것입니다.

이러한 공덕을 모두 원만히 성취하신 다음에야 비로소 그분은 성불하셨으며, 비로소 나무아미타불이 되셨습니다. 따라서 이 한 구절 나무아미타불에는 자연히 아미타불께서 조재영겁 동안 닦으신 만행萬行과 만선萬善과 만덕萬德이 포함되어 있습니다. 다시 말해 한량없는 백천 다라니의 공덕이 모두 이 한 구절 명호 안에 털끝만치도 빠짐없이 다 갖추어져 있다는 것입니다. 그래서 이 명호를 일러 '만덕홍명(萬德洪名: 만 가지 덕이 깃든 위대한 명호)'이라고 부르는 것입니다. 만덕홍명에서 '만萬'은 숫자상의 백, 천, 만 할 때의 만이 아니라, '구족함·완전 원만함(完滿)·초월함'이라는 뜻입니다. 다시 말해 왕생하고 성불하는 공덕이 이 명호 안에 완전 원만하고 온전하게 구족되어 있다는 것입니다. 그뿐만 아니라 우리가 육도윤회를 초월하여 일단 극락세계에 왕생하면 바로 삼현(三賢: 십주十住·십행十行·십회향十回向의 단계에 있는 보살)과 십성(十聖: 십지十地의 단계에 있는 보살)의 단계를 초월하여 신속히 성불하게 된다는 뜻입니다.

　아미타불의 본원이 성취됨으로 말미암아 비로소 우리들이 왕생할 수 있는 공덕이 완성된 것입니다. 따라서 아미타불의 성불은 무엇을 성취하신 것입니까? 바로 우리들의 왕생을 성취하신 것입니다. 만약 아미타불께서 성불하지 않으셨다면 우리들이 왕생할 수 있는 공덕자량(조건, 자격)도 없는 것입니다.

그러나 아미타불께서 이미 성불하셨기 때문에 우리가 부를 수 있는 이 한 구절 명호가 있게 된 것이고, 염불만 하면 즉시 우리가 왕생할 수 있는 공덕자량이 있게 된 것입니다.

이쯤에서 우리는 알 수 있을 것입니다. 아미타불께서는 어떠한 부처님이십니까? 바로 본원을 성취하신 부처님이십니다! 이 말의 뜻은, 아미타불께서 이미 본원을 성취하셨고, 그 다음 다시 당신께서 성취하신 본원의 공덕을 전부 우리에게 보내 주시고 회향해 주셨다는 것입니다. 왜냐하면 아미타불께서는 바로 우리의 왕생을 위하여 성불하셨기 때문입니다. 그러므로 아미타불께서 성불하신 공덕도 동시에 모두 우리의 공덕으로 바뀌는 것입니다.

"과지(果地: 묘각, 즉 부처님의 지위)의 깨달음을 인지(因地: 수행의 지위)의 마음으로 삼으니, 원인은 결과의 바다에 갖추어져 있고, 결과는 원인의 근원과 통하네(以果地覺 爲因地心, 因該果海 果徹因源)"라는 말이 있습니다. 이 말뜻은, 아미타불께서 과지에서 성취하신 부처님 공덕을, 우리와 같이 인지에 있는 범부가 왕생하고 성불하는 공덕으로 삼으셨다는 것입니다. 아미타불의 정각正覺은 우리 중생들이 극락세계에 왕생하는 원인입니다. 다시 말해 우리 중생이 왕생할 수 있는 원인은 바로 아미타불의 정각의 결과라는 것입니다. 그러므로 아미타불의 성불은 바로 우리의 왕생이며, 우리의 왕생은 바로 아미타불의 성불입니다. 만약 우리가 왕생하지 못한다면 아미타불은 성불하지 않으셨을 것이고, 아미타불께서 이미 성불하셨다는 것은 우리가 단지 염불만 하면 반드시 왕생할 수 있다는 것을 의미합니다. 여기서 알 수 있듯이, 우리의 왕생은 아미타불의 성불과 하나로 묶여 있어 영원히 떼어놓을 수 없습니다.

그러므로 우리의 이 법문은 '결과로부터 원인으로 향하는(從果向因)' 법문이지, '원인으로부터 결과로 향하는(從因向果)' 법문이 아닙니다. '원인으로부터 결과로 향함'이란 바로 범부에서부터 줄곧 수행을 하여 십신十信·십주十住·십행十行·십회향十廻向·십지十地를 거치고, 그런 다음에야 성불에 이르는 것입니다. 한 걸음 한 걸음, 한 단계 한 단계씩 위로 올라가야 합니다.

그러나 우리의 이 법문은 '과지의 깨달음을 인지의 마음으로 삼은' 것으로, 아미타불께서 이미 성불하신 공덕을 우리가 왕생하여 성불하는 자량으로 삼으신 것입니다. 그러므로 우리는 십신·십주·십행·십회향·십지와 같은 여러 가지 수행을 거칠 필요 없이 곧바로 단계를 초월하여 왕생 성불할 수 있습니다.

이러한 까닭에 '이행도'를 가리켜 가로로 초월하는 '횡초橫超'법문이라고도 부르는 것입니다. 예컨대 타이베이에 101빌

딩(대만 타이베이에 있는 금융센터)이란 건물이 있는데, 만약 매 층마다 모두 걸어서 올라간다면 오랜 시간이 걸릴 것이며, 걸어가는 데 매우 고생할 것입니다. 하지만 만약 직통으로 가는 엘리베이터를 타면 매우 빨라, 순식간에 101빌딩의 옥상에 도달할 것입니다.

정토법문이 '이행도'이며 '횡초법문'이라 불리는 이유가 어디에 있습니까? 역시 아미타불의 본원本願에 있습니다! 만약 아미타불의 본원이 성취되지 않았다면 이 모든 것이 다 갖추어지지 못했을 것이지만, 한 번 본원이 성취되고 나서는 모두가 갖추어지게 되었기에 우리가 왕생할 수 있고 성불을 기대할 수 있게 되었습니다.

모든 부처님마다 성불은 아주 어려운 일을 해내신 것이기에 매우 귀한 것입니다. 하지만 그것이 우리들과 반드시 직접적으로 밀접한 관계가 있다고는 할 수 없습니다. 왜냐하면 그 부처님들께서는 우리를 위하여 제18원과 같은 원을 세우지 않으셨으며, 또한 우리를 위하여 조재영겁의 오랜 세월을 거치면서 보살의 무량한 덕행을 쌓고 비로소 성불한 것이 아니기 때문입니다. 하지만 아미타불께서는 그렇지 않으십니다. 아미타불의 성불은 바로 우리 중생의 왕생에 입각한 것이며, 우리의 왕생을 위해 그분의 생명을 담보로 내기를 하신 것입니다! 우리를 왕생케 할 수 있을 때 비로소 그분의 부처로서의 생명이 있는 것이며, 우리의 왕생이 없다면 그분의 부처로서의 생명도 없는 것이기에, 그분의 성불은 바로 우리를 위한 것입니다. 그런 까닭에 '아미타불께서는 어떠한 부처님이신가?'에 대한 첫 번째 답은 '본원을 성취하신 부처님'인 것입니다.

2
아미타불은
중생을 구제하시는
부처님이시다

방금 말씀드렸듯이, 아미타불의 성불은 시방중생을 구제하시기 위함입니다. 그러므로 우리 시방중생들이 구제될 수 있는 이유는 그분이 성불을 하셨기 때문입니다. 시방중생들이 만약 "우리가 정말 구제될 수 있을까? 언제부터 구제될 수 있을까?"라고 묻는다면, 아미타불께서 성불하셨는지, 언제 성불하셨는지를 보아야 합니다. 만약 아미타불께서 아직 성불하지 않으셨다면 우리가 부를(稱念) 수 있는 부처님의 명호가 없을 것이고, 또 우리가 왕생하여 성불할 극락세계도 없을 것입니다.

그러면 제가 묻겠습니다. 아미타불께서는 성불하셨습니까, 못하셨습니까?

【대중들: 성불하셨습니다.】

성불하신 지는 얼마나 오래되셨습니까?

【대중들: 10겁입니다.】

그렇습니다. 이미 10겁이 지났습니다. 10겁 동안 아미타불께서는 밤낮으로 우리를 부르시고, 우리를 지켜보시며, 우리를 보호하시고, 우리를 기다리고 계십니다. 10겁의 세월 동안 아미타불께서는 무얼 해오셨습니까? 오로지 우리 시방중생들을 부르고 계십니다. '모든 착하거나 악한 범부들아! 너희들은 어서 나의 극락세계로 왕생하여라. 내가 여기서 너희들을 기다리고 있다!'

아미타불께서는 줄곧 우리를 부르고 계시며, 심지어 우리에게 합장하시며 부탁하고 계십니다. '시방의 중생들은 모두 나의 외아들(외동딸)인데, 지금 삼계육도를 떠돌며 고통스럽게 윤회하고 있으니 부모인 나로서는 견딜 수가 없구나. 아들(딸)들아! 너희들이 제발 속히 돌아오기를 부탁한다. 돌아오기만 하면 안락함을 얻을 수가 있단다. 너희가 돌아오는 데 필요한 양식(자량)을 나는 이미 모두 준비해 놓았다. 너희가 돌아오는 데 필요한 비용과 도구들 역시 내가 일찌감치 너희를 위해 알맞게 마련해 놓았다. 너희가 단지 차에 올라타기만 하면(믿음과 발원으로 염불하기만 하면) 필요한 먹을 것과 입을 것이 다 있기에 네가 평안하게 극락 고향으로 돌아올 수가 있단다.' 이와 같이 아미타불께서는 10겁 이래로 줄곧 우리를 향해 외치면서 부르고 계셨던 것입니다.

아미타불께서는 시방중생들을 매우 쉽게 구제할 수 있는 부처님이 되기 위해 어떻게 발원하셨을까요? 그 내용은 모두 48원 속에 있습니다. 어떻게 해야 시방중생들을 아주 수월하고 안전하고 자유롭게 극락세계에 왕생하도록 할 수 있을까? 이것도 역시 48원 속에 다 들어 있습니다. 그러므로 아미타불의 48원은 각각의 원 하나하나가 전부 시방중생을 구제하시기 위한 것입니다. 만약 그 중 하나의 원이라도 시방중생을 위한 것이 아니라면 이 원은 의미가 없는 것이기에, 아미타불께서는 차라리 이 원을 버리고 말았을 것입니다. 그런 까닭에 아미타불은 시방중생을 구제하시는 부처님입니다.

아미타불께서는 중생을 구제하시는 데에 어떠한 조건도 정하지 않으셨습니다. 만약 굳이 조건이 있다고 말한다면 바로 우리가 단지 '왕생을 발원하고, 명호를 부르는' 것일 뿐입니다. 왜냐하면 극락세계가 아무리 청정하고 장엄하며, 아미타불께서 아무리 대자대비하시고 원력이 넓고 크시다 해도, 우리가 극락세계에 왕생하기를 원치 않는다면 우리는 아미타불과는 아무런 관계가 없을 것이고, 계속해서 영원히 육도 안을 윤회하며 헤맬 것이기 때문입니다.

그러므로 우선 먼저 반드시 '극락왕생을 발원'하는 마음이 있어야 하고, 다음으로 '오로지 아미타불의 명호를 불러야' 합니다. 이렇게만 하면 됩니다. 이런 사람은 모두 백 퍼센트 반드시 왕생할 수 있습니다. 왜냐하면 아미타불의 발원이 이미 성취되었기 때문입니다. 그래서 선도대사(善導大師, 613~681)께서는 이렇게 말씀하셨습니다.

"중생이 아미타불의 명호를 부르면 반드시 왕생한다(衆生 稱念 必得往生)."

시방중생들이, 즉 성인, 범부, 선인, 악인, 재가자, 출가자, 수행을 할 줄 아는 사람, 수행을 할 줄 모르는 사람, 지혜가 있는 사람, 지혜가 없는 사람에 관계없이 그들이 단지 이 한 구절 아미타불의 명호를 부른다면 반드시 왕생할 수 있습니다! 왜 그렇습니까? 왜냐하면 아미타불의 본원이 이미 성취되었기 때문입니다. 선도대사께서는 다음과 같이 말씀하셨습니다.

"저 부처님은 지금 현재 성불하시어 극락세계에 계시나니, 마땅히 본래 서원이 헛되지 않았음을 알라(彼佛今現 在世成佛 當知本誓 重願不虛)!"

아미타불께서 세우신 이 본래 서원은 허망하고 거짓된 원이 아님을 마땅히 알아야 합니다. 왜냐하면 아미타불께서는 이미 성불하셨기 때문입니다!

아미타불의 본원은 하나하나가 모두 중생을 위한 원입니다. 그러기에 단지 우리는 구원받기를 바라면서 극락왕생을 발원하고, 오로지 아미타불의 명호를 부르기만 하면 우리 모두는 아미타불의 구제를 받을 수 있습니다.

이 한 구절 아미타불의 명호는 마치 큰 원력의 배와도 같습니다. 우리 중생들은 이 육도라는 고통의 바다에서 부침하며 허우적거리고 있습니다. 그런데 만약 우리가 극락에 왕생하기를 원하여 오로지 아미타불의 명호를 부른다면 바로 아미타불의 큰 원력의 배 위에 올라탄 것과 마찬가지입니다. 아미타불의 큰 원력의 배 위에 올라탄 사람은 때가 되기만 하면(세상에서의 수명이 다 되면) 곧바로 피안(저 언덕)에 도착하게 됩니다. 다시 말해 극락세계에 왕생하게 된다는 것입니다.

현재 비록 우리의 수명이 다하지는 않았고 아직도 육도의 고통바다 속에 있지만, 다시는 가라앉지 않는다는 것은 이미 정해져 있습니다. 왜냐하면 우리는 이미 아미타불의 큰 원력의 배에 타고 있기 때문입니다. 이 세상에서는, 당신이 아무리 호화로운 배를 타고 바다를 건넌다 하더라도 모두 위험에 직면할 수 있습니다. 그러나 아미타불의 이 거대한 원력의 배는 영원히 위험에 처하지 않습니다. 이 배는 아미타불께서 직접 만드시고 아미타불께서 직접 운전하시며 승무원들도 모두 극락세계의 보살님들이기 때문에 반드시 피안에 도달할 수 있으며, 어떠한 위험도 만나지 않습니다. 이것이 바로 전적으로 아미타불의 구제에 맡긴다는 것입니다.

간단하게 말해서, 우리가 단지 아미타불의 명호를 부르기만 하면 왕생의 업인(業因: 결과를 위한 원인으로써의 행위)은 이미 성취된 것이어서, 이미 더 이상 육도를 윤회하는 범부가 아니며, 이미 극락세계 성중聖衆의 일원이 된 것입니다. 이것을 여러분들은 이해하시겠습니까?

【대중: 이해합니다.】

받아들일 수 있습니까?

【대중: 받아들일 수 있습니다.】

왕생할 수 있느냐의 여부는 우리에게 달린 것이 아니라 아미타불께 달려 있습니다. 마치 먹지도 입지도 못하고 머물 곳도 없이 음식을 구걸하려고 밖으로 돌아다니던 한 아이가, 어느 날 그가 본래 국왕의 유일한 아들이며 태자라는 사실이 알려진다면 이때부터 그는 바로 의젓하고 화려하고 귀한 신분이 되는 것과 같습니다. 이제부터 그는 더 이상 유랑하는 거지가 아니라, 한 왕의 아래이자 만인의 위에 있는 태자인 것입니다.

그런 까닭에 인광대사(印光大師, 1861~1940. 정토종 제13대 조사)께서는 다음과 같이 말씀하셨습니다.

"과연 생사를 벗어나려는 마음(生死心)이 간절하고, 한 생각의 의혹도 일어나지 않는 마음으로 믿을 수 있다면, 비록 아직 사바를 벗어나지 못했더라도 이미 사바에 오래 머물 나그네가 아니며, 극락에 아직 왕생하지는 못했더라도 이미 극락의 귀한 손님이니라."

그러므로 왕생을 원하는 우리의 마음이 변치 않고, 다른 수행을 섞지 않으며, 오롯하게 염불만 한다면 임종 때까지 기다릴 필요가 없고, 나중을 기다릴 필요도 없이 지금부터 우리는 이미 극락세계의 성중이며, 이미 더 이상 육도를 윤회하는 범부가 아니게 됩니다.

3
아미타불은 광명으로 거두어주시는 부처님이시다

'나무아미타불', 이 한 구절 명호를 '광명명호光明名號'라고도 부르는데, 아미타불께서는 바로 한량없는 광명의 몸이라는 의미입니다. 그래서 『아미타경』에서는 이렇게 말씀하십니다.

"저 부처님의 광명은 한량이 없어, 시방세계를 두루 비추는 데 장애가 없는 까닭에 아미타라 하시느니라."

이 말씀의 뜻은, 아미타부처님께서는 한량없는 광명을 갖추고 계시는데, 그분의 한량없는 광명은 온 우주를 남김없이 비출 뿐만 아니라, 그분의 광명은 어떠한 장애도 받지 않는다는 것입니다. 다시 말해 형상이 있는 해·달·별·산·강·대지의 장애도 받지 않고, 또한 형상이 없는 우리 중생의 탐욕과 성냄과 어리석음(탐진치貪瞋癡), 그리고 우리가 세세생생 동안 지어온 갖가지 죄업들의 장애도 받지 않는다는 것입니다.

아무튼, 아미타불의 광명은 언제 어디서나 다 손쉽고도 빠르게 우리 곁으로 와서 우리를 보호하고 구제해 주실 수 있습니다. 그런 까닭에 아미타불을 또한 '광명으로 거두어 주시는(光明攝取)' 부처님이라고도 부릅니다. 여기서 '광명'이란 아미타불의 불광佛光을 가리키며, '거두어 주심'이란 아미타불께서는 지금부터 줄곧 조금도 시선을 떼지 않으시며 우리를 지켜봐 주시고 우리를 보호해 주시며 기다려 주시다가, 임종 때가 되면 우리를 영접하러 오시어 극락세계로 데려가신다는 뜻입니다.

아미타불께서 광명으로 거두어 주시는 것은 마치 무엇과 같을까요? 우리가 밤에 잠잘 때 모기가 우리를 물려고 합니다. 그러나 만약 우리가 모기장 안에 있으면 모기는 우리를 물지 못합니다. 마찬가지로, 우리가 삼계육도 안을 윤회할 때에는 어떤 모기가 우리를 물려고 할까요? 원수와 채권자라는 모기가 있어 우리를 물려고 하며 우리에게 빚을 독촉합니다. 또 천마天魔와 외도外道라는 큰 모기가 있어 우리가 육도의 윤회에서 벗어나지 못하게 방해합니다. 하지만 우리가 단지 염불만 한다면 영원히 아미타불의 광명이라는 모기장 안에 있는 것과 같아, 큰 모기든 작은 모기든 모두 우리를 물지 못할 것입니다.

또한 이 컵과도 같습니다. 컵 속에 담긴 물은 밖으로 흐르지 않고 항상 이 컵 안에 있습니다. 염불하는 사람도 영원히 아미타불의 광명이라는 컵 안에 있어 다시는 삼계육도에 윤회하지 않으며, 또한 갖가지 업력業力의 장애도 받지 않습니다. 이분이 바로 광명으로 거두어 주시는 부처님입니다.

그러므로 극락왕생을 발원하며 오로지 아미타불의 명호를 부르는 염불인은, 그가 부처님을 믿고 염불하기 시작하는 그때부터 한평생이 다할 때까지 아미타불의 광명이 거두어주시는 가호 가운데 있게 되어 아미타불의 보호를 받고, 원수나 채권자의 방해를 받지 않으며, 천마나 외도의 방해도 받지 않고, 또한 재난의 상해도 받지 않습니다.

이는 아미타불의 명호가 지니고 있는 너무나 자연스러운 작용과 기능이어서, 염불 이 외에 따로 기도를 하며 구할 필요가 없습니다. 이것은 마치 불을 붙이면 불은 자연히 타오르게 되고, 물을 따르면 물은 자연히 아래로 흐르게 되는 것과 같은 자연적인 기능이어서, 원리를 안다거나 기도를 했기 때문에 그렇게 되는 것은 아닙니다. 따라서 현세의 이익으로 보더라도 염불은 재난과 어려움들을 소멸할 수 있고, 복과 수명을 늘리게 할 수 있습니다.

사람의 몸에는 다 광명이 있는데, 그 광명의 크기는 그 사람의 염원과 복덕에 따라 다릅니다. 우리가 착한 생각을 일으키면 상서롭고 좋은 빛이 매우 커지고, 악한 생각을 일으키면 혼탁하고 나쁜 빛이 나타나게 됩니다. 복덕이 크면 광명도 크고, 복덕이 작으면 광명도 작습니다. 만약 부모에게 효순하고 스승을 받들어 모시며 삼보를 공경하는 사람이라면 광명은 더욱 맑고 깨끗하고 많을 것이며, 더 나아가 '나무아미타불'을 부를 수 있다면 광명은 바로 온 우주에 두루 가득해진다고 말할 수 있습니다. 무엇 때문에 이렇게 큰 광명이 생기는 것일까요? 아미타불의 광명은 한량없는 광명인데, 아미타불께서 당신이 지니신 모든 공덕을 이 한 구절 명호로 변화시켜서 우리 중생들에게 회향해주셨기 때문입니다.

그러므로 이 한 구절 명호에는 아미타불께서 지니신 모든 광명이 담겨 있는 것입니다. 그래서 우리들 범부가 미약한 마음으로 이 광명 명호를 부르더라도 곧바로 아미타불의 명호와 결합되고, 아미타불의 광명과 결합하게 되니, 어찌 우리 몸의 광명이 아미타불의 한량없는 광명을 따라 한량없이 큰 우주에 가득하지 않겠습니까! 이는 마치 한 방울의 물이 비록 단 한 방울이지만, 큰 바다에 떨어뜨리면 큰 바다와 융합되어 하나가 되는 것과 같습니다. 이러한 이유 때문에 염불하는 사람의 몸에는 모두 부처님의 광명이 나오는 것입니다.

예전에 법사님 한 분이 미국에 홍법을 하러 가셨습니다. 그분께서 대중을 이끌고 법당에서 염불을 하고 있었는데, 염불이 막 끝나는 시간에 어떤 미국인 한 분이 그 법사님을 찬탄하며 말했습니다.

"스님! 스님! 저는 신통력을 배우는 사람입니다. 제가 법당에서 염불하고 있는 대중들을 보았는데, 경건하고 정성스럽게 염불하는 사람의 경우에는 그 몸에서 나는 광명이 매우 커서, 그 크기가 지구를 감쌀 만큼 그렇게 큰 광명이었습니다. 그다지 경건하지도 정성스럽지도 않게 단지 입만 벙긋거리며 염불하는 사람의 경우에는 그 광명이 아주 작아서 단지 입가에만 들락거릴 뿐이었습니다. 이러한 수승한 광경을 목격하였기 때문에 저도 불교를 배우고자 합니다."

경전에서 말하기를 "염불하는 사람은 40리나 되는 광명이 몸을 비춘다"고 하였습니다. 우리는 40리가 매우 크다고 생각하겠지만, 우주와 비교하면 지구는 매우 작은 것이며, 지구와 비교하면 40리는 더욱 작습니다. 그러나 한 사람이 경건하고 정성스럽게 염불할 때 그에게서 나오는 광명은 지구를 감쌀 수 있습니다.

생각해 봅시다. 우리의 이 입이 깨끗합니까? 입을 열면 냄새가 고약합니다. 그렇지만 단지 우리가 한 번 입을 벌려 나무아미타불을 부르기만 하면 광명이 나옵니다. 우리가 단지 입을 벌려 염불하기만 하면 아미타불께서는 우리의 몸으로 드나드시며 광명을 놓으십니다. 비록 일반인들의 눈에는 보이지 않지만 귀신이나 불보살님들은 모두 광명이 나오는 것을 볼 수 있습니다.

그러므로 우리가 염불만 하면 귀신이 우리를 방해하지 못할 뿐만 아니라, 심지어 우리가 다른 사람과 맺힌 원한이 있다 해도, 염불을 하고 있기 때문에 다른 사람과의 맺힌 원한도 풀 수 있으며, 지금 이후로 다시는 당신에게 빚을 독촉하지도 않을 것입니다. 심지어 우리가 염불을 하는 관계로 말미암아 상대방을 제도할 수도 있습니다. 그래서 우리가 염불을 할 때에는 어느새 귀신과 중음신이 제도되며, 우리가 염불을 하기 때문에 조상님들도 제도되고, 자손들도 보호받게 됩니다. 그런 까닭에 염불이야말로 참으로 가장 간단하고도 가장 뛰어난 법문인 것입니다!

염불을 하는 사람에게 있어서 이 부처님 명호보다 더 중요한 것은 없습니다. 그 중요성은 우리의 생명과도 같아서 이 부처님 명호가 있으면 우리의 생명이 있는 것이요, 이 부처님 명호가 없으면 우리의 생명도 역시 없는 것과 같습니다. 왜냐하면 이 부처님 명호가 없으면 사람이 죽은 뒤에는 곧바로 염라대왕의 처소로 가서 심판을 받게 되는데, 그러면 아주 비참해지기 때문입니다.

4
아미타불은 임종 때 맞이하러 오시는 부처님이시다

염불을 하는 사람은 염불하는 그때부터 아미타불께서 그분의 한량없는 광명으로 끊임없이 보호해 주시고 돌봐 주시며 잠시도 버리지 않으십니다. 그리고 임종에 이르렀을 때 몸을 나투시어 우리를 극락세계로 영접해 주십니다. 『아미타경』에서 이렇게 말씀하셨습니다.

"그 사람이 목숨을 마치는 때가 오면 아미타불께서는 여러 거룩한 무리들과 함께 그 사람 앞에 나투시므로, 이 사람은 목숨을 마칠 때 마음이 뒤바뀌지 않고 곧바로 아미타불의 극락국토로 왕생하게 되느니라."

이제 막 목숨을 마치려는 사람은, 만약 그가 평소에 아미타불을 부르지 않았다면, 보통은 일단 숨이 끊어지고 나서 자기가 어디로 가야 할지 몰라 허둥대며 두려워할 것입니다. 사랑하는 가족들을 두고 떠나야 하고, 이 세상에서 일으켜 세운 모든 사업과 재산을 두고 떠나야 하며, 이런 환경을 두고 떠나야 한다는 생각에 매우 아쉬워할 것입니다. 그 다음으로는 원친채주(冤親債主: 원한 맺힌 사람들이나 채권자)들이 나타나 빚을 독촉할 것이며, 흑무상黑無常과 백무상白無常이란 저승사자가 쇠사슬을 가지고 나타나 그 사람을 묶어서 염라대왕 앞에 데려가 심판을 받게 될 것이니, 마음속으로 매우 고통스럽고 긴장되며 두려울 것입니다.

그러나 염불하는 사람은 두려울 것이 없습니다. 왜냐하면 아미타불께서 직접 오시어 우리를 보호해 주시고 영접해 주시기 때문입니다. 임종이 다가와 막 숨이 끊어지려 하지만 아직 숨이 붙어 있을 때 아미타불께서 먼저 몸을 나투시게 되는데, 그 사람은 분명하게 아미타불을 뵐 수 있습니다. 그때에 그는 매우 기뻐하며 아미타불을 따라가 극락세계에 왕생하게 됩니다.

우리가 오직 극락세계에 왕생하기를 원하며 오로지 아미타불을 부르기만 한다면, 왕생할 시간이 됐을 때 아미타불께서는 우리를 맞이하러 오십니다. 지금부터 줄곧 임종 때까지 아미타불께서는 일분일초, 일찰나도 우리를 버리지 않으시고, 잊어버리지 않으시며, 싫어하여 떠나지 않으십니다. 우리가 임종하는 그 시간에 혼미하거나 깨어 있거나에 상관없이 아미타불께서는 한결같이 우리를 영접하러 오십니다. 왜냐하면 혼미한 것은 단지 감각기관이 혼미할 뿐이기 때문입니다. 그래서 외부인들이 볼 때는 혼미한 사람은 염불도 할 수 없고 눈으로 볼 수도 없고 귀로 들을 수도 없고 손발을 움직일 수도 없을 거라고 여기겠지만, 그 사람의 마음은 오히려 맑고 또렷합니다. 극락세계에 왕생하기를 원하는 사람은 그 순간에도 여전히 염불할 수가 있습니다. 뿐만 아니라 아미타불께서 그 사람을 영접하러 오실 때에는 그 사람과 아미타불, 아미타불과 그 사람은 서로가 아주 분명하게 알아볼 수 있습니다. 그러므로 우리는 평생 동안 단지 염불만 책임지고 하면 됩니다. 그리고 왕생하는 일은(이는 아미타불의 소관이시므로) 아미타불께서 당연히 완전하고 완벽하게 책임지고 우리를 극락세계로 이끌어주실 것입니다.

행여 어떤 염불행자가 임종할 때에 병으로 인한 고통 때문에 부처님의 명호를 입으로 소리 내어 부르지 못하더라도 괜찮습니다. 그 사람의 마음에는 위안이 있어서, '때가 되면 아미타불께서 영접하러 오신다'고 생각하므로 이 염불인은 목숨이 마칠 때에 이르러서도 두려워하지 않고, 당황하여 불안해하지도 않으며, 단지 조용히 아미타불께서 맞이하러 오시기를 기다릴 것입니다. 그러므로 우리들은 편안하고 홀가분하고 자유롭게 "나무아미타불, 나무아미타불, 나무아미타불……"을 부르며 아미타불께서 맞이하러 오시기만을 기다리면 됩니다. 아무튼, 아미타불께서 맞이하러 오신다는(내영來迎) 사실은 염불하는 모든 사람들로 하여금 위안과 희망이 가득하게 해줍니다.

어떤 사람은 "만약 내가 병으로 인한 고통으로 부처님 명호를 입으로 소리 내어 부르지 못하면 어떡하지?" 하며 걱정할 수 있습니다. 그러면 저는 이렇게 말씀드릴 것입니다.
"괜찮습니다. 걱정할 필요 없습니다. 당신의 상황을 아미타불께서는 다 알고 계십니다. 아미타불께는 대신통력과 대원력이 있으시기 때문입니다. 부처님께서는 대자비와 대지혜로써 이 사람에게 어떠한 업장이 있으며, 어떠한 임종을 맞이하게 될 것이며, 염불을 할 수 있는지 없는지, 혼미할 것인지 깨어 있을 것인지에 대해 모두 다 알고 계시기 때문에 부처님께서는 우리를 포기하지 않으시고, 우리를 구하지 않고 그냥 내버려두지 않으실 것이며, 때가 되면 반드시 우리를 영접하러 오실 것입니다."
라고 말입니다. 그러니 이러한 사실이 참으로 귀중합니까, 귀중하지 않습니까?

【대중들: 참으로 귀중합니다!】

그런 까닭에 단지 우리들이 평상시에 극락세계에 왕생하기를 원하는 마음을 가지고 있고, 또 이 마음이 경건하고 정성스럽고 진실하며, 지금 이후로 더 이상 잡수(雜修: 염불 외에 다른 수행을 섞음)나 잡념(雜念: 다른 불보살님의 명호를 부름)을 하지 않고, 오로지 한마디 나무아미타불을 부르기만 한다면 이러한 사람은 임종 때 반드시 극락세계에 왕생하게 됩니다. 임종할 때 의식이 혼미한가 혼미하지 않은가에 상관없고, 또한 임종할 때 병으로 몸이 아파 염불을 할 수 있는가 없는가의 여부와도 관계없이 말입니다. 우리는 단지 평상시에 염불만 책임지고 하면 됩니다. 임종 때 만약 병으로 몸이 아파 염불을 할 수 없다 해도 상관없습니다. 다만 마음속으로 아미타불께서 우리를 구하러 오시기만을 고요히 기다리기만 하면 됩니다. 왜냐하면 아미타불께서는 광명으로 거두어 주는 부처님이시고, 임종 때 맞이하러 오는 부처님이시므로, 때가 되면 그분께서는 반드시 우리를 영접하러 오신다는 것을 알기 때문입니다.

그러므로 염불하는 사람의 마음은 언제나 안온하고 위안이 되어 있습니다. 또한 이와 같은 이유로 이 염불법문을 '이행도易行道'라고도 부르는데, 쉬운 법문이며 안락한 법문이라는 뜻입니다. 이 법문이 아니라면 중생들은 영원히 고통 속에 머물게 될 것입니다.

만약 아미타불께서 광명으로 우리를 거두어 주시지 않고, 임종 때 우리를 영접하러 오시지 않는다면, 설사 우리가 지금 염불을 한다 해도 마음속은 불안해할 수밖에 없습니다. 그래서 이런 생각을 할 겁니다. '끔찍하구나! 내가 지금 열심히 염불을 하고 있지만, 임종 때 만약 질병으로 인한 고통으로 염불을 못하면 어떡하지? 만약 정신이 혼미하면 어떡하나?' 하고 말이죠. 하지만 사실 이런 걱정들을 하실 필요가 없습니다. 왜냐하면 아미타불께서는 모든 시간과 모든 곳에 늘 계시며 대신통이 있으시므로, 그분께서는 당신의 상황을 다 아시고는 때맞추어 당신을 보호하고 영접해 주시기 때문입니다.

우리의 이 정토법문은 어떠한 조건도 없는 법문입니다. 그런 까닭에 우리가 극락세계에 왕생하기를 원하고 오로지 나무아미타불만을 부르며, 다른 잡다한 수행을 하지 않고 완전히 아미타불께 의지하기만 한다면, 만약 그렇게만 할 수 있다면 반드시 왕생할 수 있습니다.

저의 이야기는 여기까지 하겠습니다. 여러분들께서 이 법문에 의문점이 있으시다면 마음 놓고 질문해 주시기 바랍니다.

5 질문과 대답

질문

두 가지 질문이 있습니다. 먼저 첫 번째 질문입니다. 수행에는 믿음과 발원과 수행(信願行)이 구족되어야 하는데, 법사님께서는 법문하실 때 아미타불의 본원만을 강조하셨습니다. 그런데 수행으로서의 행(신원행 가운데 행)이 어느 정도 수준에 도달해야지만 왕생할 수 있지 않겠습니까? 만약 단지 발원만 있고, 행의 정도(수준)를 강조하지 않는다면, 이는 일본의 본원법문(정토진종淨土眞宗 등에서 주창하는 염불법문)과 혼동되지 않겠습니까? 삼매(三摩地)에 들고, 깨끗한 마음이 끊이지 않게 이어지고(淨念相續), 한마음이 흐트러지지 않는(一心不亂) 경지에 들도록 수행해야지 비로소 왕생할 수 있는 것이 아닙니까?

답변

당신이 말한 그런 조건은 없습니다. 단지 이 한 구절 아미타불의 명호만 부르면 됩니다. 왜 '나무아미타불'이 '만덕홍명萬德洪名'이라 불릴까요? 그 이유는, 시방중생이 왕생하는 데 필요한 공덕과 자량이 이 한 구절 아미타불의 명호 가운데 이미 다 완전하게 갖추어져 있기 때문입니다.

물론, 오로지 이 한 구절 아미타불의 명호를 부르는 것 역시 마음 내키는 대로 멋대로 부르는 것이 아니라, 우리에게 얼마만큼의 시간이 있으면 얼마만큼의 시간 동안 염불해야 합니다. 왜냐하면 시방중생들의 근기는 모두 한결같지 않아, 어떤 사람은 시간이 비교적 많고, 어떤 사람은 시간이 비교적 적기 때문에 시간이 많은 사람은 염불을 많이 하고, 시간이 적은 사람은 염불을 적게 하면 됩니다. 어떤 사람은 수양이 비교적 좋은 편이고 성격도 비교적 좋은 편이며 마음도 비교적 평온한 편이어서, 염불할 때 당연히 마음에 비교적 잡념이 없을 것입니다. 하지만 어떤 사람은 성품이 비교적 억세고 습기(習氣: 쌓여온 습관의 힘)도 비교적 무겁습니다. 그렇다면 그가 염불할 때는 망상과 잡념이 여전히 매우 많을 것입니다. 그렇지만 이러한 것들은 모두 상관없습니다. 그가 염불만 하면 됩니다. 중생들에게 이러한 상황이 있다는 것을 아미타불께서 다 알고 계시니까요. 선도대사께서 말씀하셨습니다.

"한결같은 마음으로 오로지 아미타불의 명호를 부르되, 걸을 때나 머물 때나 앉을 때나 누울 때에 시간의 길고 짧음을 따지지 않고, 순간순간 (염불을) 잊지 않는 것을 정정업正定業이라 부르나니, 저 부처님의 원력을 따르는 까닭이다."

그러므로 우리들은 오직 염불만 하면 됩니다. 우리가 가든지 머물든지, 앉아 있든지 누워 있든지, 당신이 어느 곳에 가든, 어느 시간 어느 때든, 무슨 볼일을 보든 간에 모두 염불할 수 있습니다. 이와 같은 사람이 바로 염불행자입니다.

아미타불께서는 대자대비大慈大悲하시다고 했을 때, 무엇을 '대자大慈'라고 부릅니까? 조건 없이 사랑하는 마음을 '대자'라고 부릅니다. 그런 까닭에 아미타불께서는 제18원 속에서 단지 "내지십념乃至十念"만을 말씀하셨을 뿐, 반드시 어떤 기준을 구비해야 한다고 말씀하지 않으셨습니다. 만약 어떤 기준이 있다면, 어떤 사람은 왕생할 수 있을 것이고 어떤 사람은 왕생할 수 없게 될 것입니다.

그러므로 우리의 이 법문은 일본의 (정토진종에서 말하는) 정토법문이 아닙니다. 우리의 이 본원법문은 아미타불의 제18원의 법문입니다. 제18원에서 무엇을 말씀하셨습니까? '염불'을 말씀하신 것뿐입니다. 선도대사께서는 다음과 같이 말씀하셨습니다.

"부처님의 본원을 살펴보니, 그 뜻은 중생이 한결같은 마음으로 오로지 아미타불의 명호를 부르는 데 있다(望佛本願 意在衆生 一向專稱 彌陀佛名)."

이 제18원을 (선도대사께서) '본원本願'이라 부르셨기 때문에, '본원칭명本願稱名'은 선도대사님에 의해 전해진 것입니다. '본원'의 목적은 어디에 있을까요? 아미타불께서 성불을 하신 목적은 어디에 있을까요? 일체중생이 '한결같은 마음으로 오로지 아미타불의 명호를 부르기'만 하면 왕생할 수 있다는 데 있습니다. 그래서 "부처님 본원을 살펴보니, 뜻은 중생이 한결같은 마음으로 오로지 아미타불의 명호를 부르는 데 있다"라고 말씀하신 것입니다. 아미타불이라는 만덕홍명을 칭념하는 것이 바로 본원에서 말씀하신 것이며, 또한 본원에서 말씀하시는 유일한 수행입니다.

방금 우리는 '본원칭명'이 선도대사님에 의해 전해진 것이라 말씀드렸습니다. 하지만 이는 선도대사 개인의 독창적인 견해가 아니라, 용수보살께서 말씀하신 것입니다. 용수보살께서는 『십주비바사론』「이행품易行品」에서 이렇게 말씀하셨습니다.

"아미타불의 본원本願은 이와 같다. '만약 어떤 사람이 나를 생각하여 명호를 부르며(稱名) 스스로 귀의하면, 곧 필정

(必定: 불퇴전)에 들어 아뇩다라삼먁삼보리를 얻으리라.' 그러므로 마땅히 항상 억념(憶念: 굳게 기억하고 염불)해야 한다(阿彌陀佛本願如是 若人念我 稱名自歸 即入必定 得阿耨多羅三藐三菩提 是故常應憶念)."

용수보살께서는 이 문장의 말씀 속에서 '본원本願'이라는 두 글자를 직접 지적하여 분명하게 밝히셨고, '칭명(稱名: 명호를 부르는 염불)'이라는 두 글자도 분명하게 지적하여 밝히셨습니다. 그러므로 '제18원'이 바로 '본원'이며, '제18원'이 곧 '칭명염불'입니다.

"본원은 이와 같다"라고 했는데, 아미타불의 본원은 어떤 것일까요? "만약 어떤 사람이"는 시방중생을 가리키는데, 성인과 범부를, 범부 가운데서도 선인과 악인을 포함하고 있습니다. "나를 생각하고"에서 생각은 의업(意業: 생각으로 짓는 업)으로, 나무아미타불을 생각하는 것입니다. "명호를 부르며"는 구업(口業: 입으로 짓는 업)으로, 나무아미타불을 부르는 것입니다. "스스로 귀의하면"이란 아미타불의 원에 수순하고 아미타불의 구제에 귀순하는 것입니다. 나 같은 범부의 죄악의 생명과 생사의 생명, 그리고 윤회의 생명을 아미타불의 청정하신 생명과 영원한 생명, 윤회하지 않는 생명 속으로 완전히 귀의하여 들어가는 것인데, 이것을 일러 '스스로 귀의하면'이라고 합니다. 한마디로 말하면, 극락왕생을 원하는 것을 곧 '스스로 귀의하면'이라 합니다.

그러므로 이 '본원칭명'도 역시 용수보살께서 말씀하신 것이라는 근거가 아주 뚜렷하고 분명합니다. 그렇다면 '본원'은 용수보살님이 독창적으로 만든 것일까요? 이 역시 그렇지 않습니다! 이는 석가모니불께서 『무량수경』에서 말씀하신 것입니다. 『무량수경』에서는 이렇게 말씀하십니다.

"저 부처님 본래 세우신 원력
그 명호 듣고 왕생 원하면
모두 다 저 나라에 이르러
저절로 불퇴전에 오르리라."

(其佛本願力 聞名欲往生 皆悉到彼國 自致不退轉)

"저 부처님"은 아미타불을 가리키며, "본래 세우신 원력(本願力)"은 제18원의 능력을 가리킵니다. 제18원에서는 기타의 삼학三學과 육바라밀을 말씀하시지 않고 "그 명호 듣고 왕생 원하면"만을 말씀하셨습니다. 나무아미타불이라는 이 한 구절 명호를 듣고서 극락왕생을 발원하여, 이때부터 오로지 나무아미불만 부르면 "모두 다 저 나라에 이르게" 된다는 것입니다. 이는 한 사람 한 사람 모두가 다 극락세계에 왕생할 수 있으며, 또한 왕생하는 그 순간부터 자연히 불퇴전의 지위에 있게 된다는 말씀입니다.

그러므로 『무량수경』에서 '본원'을 말씀하셨고, 용수보살께서는 이를 계승하셨으며, 선도대사께서 다시 널리 전하면서 확정하신 것이기 때문에, 본원은 일본의 것이 아니라 아미타불의 본원입니다.

본원의 조건은 오직 '칭명염불'일 뿐 그 외에는 아무것도 없습니다. 선도대사께서 말씀하신 "부처님 본원을 살펴보니, 그 뜻은 중생이 한결같은 마음으로 오로지 아미타불의 명호를 부르는 데 있다"에는 공부가 하나로 모아진 공부성편功夫成片이나, 자나 깨나 같은 경지인 몽매일여夢寐一如를 요구하는 말씀이 없습니다. 만약에 이런 조건이 필요하다면 묻고 싶습니다. '아미타불께서 누구를 구제하시겠다는 겁니까? 만약 이와 같다면 아미타불의 자비는 큰 것입니까, 작은 것입니까? 조건이 있는 것입니까, 없는 것입니까?' 그러므로 우리는 '한결같은 마음으로 오로지 아미타불의 명호를 부르기'만 하면 되는 것입니다.

『아미타경』에서 말씀하신 "일심불란(一心不亂: 한마음이 흐트러지지 않음)"은 예로부터 모두 잘못 해석되어 왔습니다. 왜냐하면 그들은 다 선도대사님의 해석을 보지 못했고, 모두 천태종의 사상으로 해석하거나 또는 선종의 사상으로 해석하였으며, 정토의 사상으로 해석하지 않았습니다. 그런 까닭에 모두 잘못 해석되어 왔던 것입니다.

『아미타경』 가운데 다음의 세 단락은 예로부터 오랫동안 오해되어 왔습니다.

① "적은 선근과 복덕의 인연으로는 저 나라에 왕생할 수 없느니라(不可以少善根 福德因緣 得生彼國)."
② "만약 선남자 선여인이 아미타불에 대한 말씀을 듣고는, 명호를 굳게 지니고서 하루나 이틀, 사흘, 나흘, 닷새, 엿새, 이레 동안 한마음이 흐트러지지 아니하면(若有善男子 善女人 聞說阿彌陀佛 執持名號 若一日 若二日 若三日 若四日 若五日 若六日 若七日 一心不亂)."
③ "그 사람이 목숨이 마치려고 할 때에 아미타불께서 여러 거룩한 무리와 함께 그의 앞에 나타나시므로, 이 사람은 목숨이 마칠 때에 마음이 전도되지 않고 곧바로 왕생하게 되느니라(其人臨命終時 阿彌陀佛 與諸聖衆 現在其前 是人終時 心不顚倒 卽得往生)."

정토법문에 대한 대부분의 해석은 송나라 이후에 이루어졌는데, 특히 북송(北宋, 960~1127) 때 비교적 많이 이루어졌습니다. 그래서 일반인들은 모두 천태종의 사상을 가지고 이 몇 단락을 해석했기 때문에 "일심불란"에 대한 해석이 다 그렇게 정확하지 못합니다. 왜냐하면 그들은 선도대사님의 저작을 보지 못했기 때문입니다. 선도대사님의 저작들은 한국과 일본에 전해져 유통된 반면, 중국에서는 당나라(618~907) 말 이후로 전해지지 못했습니다. 그러다가 청나라(1644~1911) 말에 이르러서야 비로소 중국에 다시 되돌아왔습니다. 그동안 중국인들은 선도대사님의 저작을 볼 인연이 없었기 때문에, 모두 일반 성도문聖道門의 교리를 사용하여 "일심불란"을 해석해 왔습니다. "일심불란"을 가지고 선정에서의 일심, (수행)능력에서의 일심으로 생각해버린 것입니다. 그래서 '이행도'의 원칙을 잃어버렸습니다. 그래서 배를 타고 가는 안락한 법문인 '이행도'가 아닌 해석들이 당연히 나오게 된 것입니다.

이제 우리들은 선도대사께서 정토법문을 어떻게 해석하셨는지 살펴보겠습니다.

선도대사께서는 (『법사찬法事讚』에서) "극락은 무위열반계이다(極樂無爲涅槃界)"라고 말씀하셨습니다. 그분이 말씀하시기를, 극락세계는 보토報土의 경계이고, 열반의 경계이며, 이 경계에 들어가기만 하면 아미타불과 같은 열반을 얻을 수 있기 때문에 "극락은 무위열반계이다"라고 하신 것입니다.

이어서 "인연에 따르는 잡다한 선으로는 왕생하지 못할까 두렵다(隨緣雜善恐難生)"고 하셨습니다. 일체의 다른 법문은 모두 '인연에 따르는 잡다한 선'입니다. 오늘 현교顯教를 만나면 현교의 법문을 배우고, 밀교를 만나면 밀교의 법문을 배우며, 천태교를 만나면 천태교의 법문을 닦아서 극락왕생에 회향하고, 선종을 만나면 선종의 법문을 닦아서 극락왕생에 회향하며, ○○ 법문을 만나면 ○○ 법문을 닦고 그 공덕을 극락왕생에 회향하는데, 이것을 '인연에 따르는 잡다한 선(隨緣雜善)'이라고 부릅니다. 이런 방식의 '인연에 따르는' 수행이 바로 '잡다한 선'이며, 바로 "적은 선근과 적은 복덕(少善根少福德)"입니다. 그래서 "인연에 따르는 잡다한 선으로는 왕생하지 못할까 두렵다"고 말씀하신 것입니다.

'인연에 따르는 잡다한 선'은 모두 '적은 선근과 적은 복덕'입니다. 그렇다면 무엇이 "많은 선근과 많은 복덕(多善根多福德)"일까요? 선도대사께서는 이어서 다음과 같이 해석하셨습니다.

"그래서 여래께서 핵심 법문을 선택하셨으니, 아미타불을 전념하고 또 전념하라고 가르치셨다(故使如來選要法 教念彌陀專複专)."

다시 말해 우리가 단지 "나무아미타불"을 칭념하기만 하면 당신에게 수행공부가 있든 없든, 마음이 청정하든 청정하지 못하든, 출가자이든 재가자이든 상관없이 모두가 다 극락세계에 왕생할 수 있다는 것입니다. 왜냐하면 당신은 이미 '전념하고 또 전념하라'는 것에 부합했으며, '일심불란一心不亂'의 조건에 부합했기 때문입니다. 따라서 "명호를 굳게 지니고서, 한 마음 흐트러지지 아니함(執持名號, 一心不亂)"이란 바로 "아미타불의 명호를 부르는 데 전념하고 또 전념하라(稱念彌陀專復專)"는 뜻입니다.

이른바 '일심불란一心不亂'에서 '일一'은 곧 둘이 아님이요, 둘이 아님은 곧 '오로지(專, 전적으로)'이며, '불란不亂'은 난잡하지 않고 잡다하게 섞이지 않음이니 역시 '오로지'입니다. 그러므로 우리가 다른 잡다한 수행을 하지 않고 오로지 아미타불의 명호만을 부른다면, 이것이 바로 '일심불란'입니다. 그것은 견사혹(見思惑: 견혹과 사혹)을 조복시키거나 끊는 것과 같은, (자력)공부에 있어서의 일심불란을 말하는 것이 아닙니다. 만약 참으로 그러하다면 우리들은 모두 왕생할 수가 없으며, 아미타불께서는 시방중생을 구제하시려는 것이 아니라 단지 성자聖者들만 구제하시려는 것이 되어 버립니다. 왜냐하면 (자력)공부에 있어서의 '일심불란'이란 '이치적인 일심(理一心)'이거나 아니면 '현실적인 일심(事一心)'인데, 그렇다면 이미 그는 삼계 밖의 근본무명根本無明을 깨트렸거나 삼계 내의 견사번뇌(惑)를 끊은 성인들이기 때문입니다.

그러므로 우리들이 정토법문을 배우는 데 있어 만약 확실하게 안심할 수 있고, 확실하게 왕생할 수 있으려면 반드시 먼저 아미타불의 제18원에 담긴 의미를 이해해야 합니다. 만약 제

18원에 대해 명확하게 이해하지 못하고 정토를 배운다면 자칫 어긋날 수 있어 우리들이 안심할 수 없게 됩니다. 따라서 '일심불란'의 수행에 대해 우리는 이와 같이 이해해야 합니다.

저는 출가자의 신분이므로, 출가자의 신분으로 오로지 이 한 구절 아미타불의 명호를 부르고 있습니다. 여러분들은 모두 재가자의 신분이니, 재가자의 신분으로 이 한 구절 아미타불의 명호를 부르는 것입니다. 저는 비록 출가했지만 아직도 여전히 탐욕과 성냄과 어리석음(탐진치)의 번뇌가 강성하고, 업장이 깊고 무거우며, 망상과 잡념이 분분하게 많은 범부입니다. 그래서 저는 이러한 몸과 마음으로 오로지 이 한 구절 아미타불의 명호를 부르고 있습니다.

재가 불자님들 가운데 만약 번뇌가 적고 업장도 깊지 않아서, 부처님의 명호를 부르기만 해도 마음이 매우 청정한 분이 계신다면 여러분들은 이러한 근기의 몸과 마음으로 오로지 이 한 구절 아미타불의 명호를 부르시면 됩니다. 사람마다 모두 자신의 근기로 오로지 이 한 구절 아미타불의 명호를 부른다면 여러분은 모두 평등하게 왕생할 수 있습니다. 어째서 그럴까요? 당신이 착한 사람이라 해도 아미타불의 원력의 배 위에 타고 있고, 당신이 악한 사람이라 해도 역시 원력의 배 위에 타고 있어서, 당신이 성인이든 범부든, 출가자이든 재가자이든 관계없이 똑같이 다 원력의 배 위에 타고 있는 것이기 때문입니다.

우리들의 왕생은 이 한 구절 만덕홍명萬德洪名에 의지하고 있는 것이지, 우리들의 신분에 의지하고 있는 것은 아닙니다. 우리가 극락세계에 왕생하고 난 뒤에는 모두가 이전의 신분을 버리게 되고, 모두가 아미타불께 의지하여 피안으로 오르게 되며, 무위열반의 경계에 들어가 함께 성불하게 되는 것입니다.

비록 이 사바세계에는 남성과 여성의 차별이 있고, 지혜와 학문의 높고 낮은 차별이 있으며, 선악의 업장이 많고 적은 차별이 있지만, 극락세계에 가는 것은 이러한 것들에 의지해 왕생하는 것이 아니라 완전히 이 한 구절 아미타불의 명호에 의지하는 것입니다. 이 한 구절 아미타불의 명호만 있다면 설사 재가자라도 좋고, 수행을 할 줄 몰라도 좋고, 마음이 청정하지 못해도 좋으며, 사혹이 있어도 좋고, 견혹이 있어도 좋으며, 또는 한 품의 무명조차 조금도 제거하지 못하였다 할지라도 모두가 똑같이 평등하게 극락세계에 왕생할 수 있으며, 그곳에서 모두가 평등하게 성불할 수 있습니다. 그래서 선도대사님께서는 이렇게 말씀하셨습니다.

"인간이거나 천인이거나, 선하거나 악하거나 모두 왕생할 수 있으며, 그곳에 이르면 아무 차별이 없이 모두가 가지런히 불퇴전에 오른다(人天善惡 皆得往生 到彼無殊 齊同不退)."

『아미타경』에서는 이렇게 말씀하셨습니다.

"극락국토에 왕생하는 중생은 모두 아비발치(불퇴전)이며, 그 가운데는 일생보처도 많이 있느니라(極樂國土 衆生生者 皆是阿鞞跋致 其中多有 一生補處)."

그러므로 우리들이 극락세계에 왕생하면 모든 사람이 불퇴전의 계위에 오르게 되며, 또한 모두가 다 일생보처(다음번에 부처 될 후보)의 신분을 갖게 됩니다. 이 법문이 가장 귀중한 이유가 바로 여기에 있습니다. 이것도 역시 아미타불의 본원으로 말미암은 것입니다. 그러므로 만약 아미타불께서 본원을 성취하신 부처님이 아니셨다면 이렇게 귀중한 법문도 없었을 것입니다.

본원에는 '인본의 원(因本之願)'과 '근본의 원(根本之願)'이 있습니다. 아미타불의 48대원 가운데 오직 제18원만이 근본의 원이며, 나머지는 모두 인본의 원입니다. 아미타불께서는 제11원에서 "무릇 극락세계에 왕생한 사람은 모두 불퇴전이며, 뿐만 아니라 반드시 멸도(滅度, 열반)에 이른다"라고 말씀하셨습니다. 그러므로 우리들은 극락세계에 왕생하기만 하면 퇴전할 리가 없으며, 반드시 멸도에 이르게 됩니다. 제21원에서는 "32상과 80가지 수형호가 완전히 구족된다"고 말씀하셨습니다. 그리고 제22원에서는 "당신이 일생보처가 되게 하고, 뿐만 아니라 다른 불국토에 가서 널리 중생을 제도할 수 있다" 라고 말씀하셨습니다.

그러므로 우리들의 왕생과 우리들의 성불은 모두 아미타불의 본원에 달려 있습니다. 48원이든 제18원이든 모두가 다 잘 갖추어져 있습니다. 그래서 우리는 아미타불께서 성불하신 것은 본원이 있었기 때문이라는 점을 강조하는 것이며, 또한 본원을 성취하신 부처님이기 때문에 귀한 부처님이라는 것입니다.

질문

두 번째 질문입니다. 현재 국내(중국)의 도량에서는 대부분 정토법문을 선양하고 있습니다만, 다른 법문들은 계속 쇠퇴하고 있습니다. 만약 강력하게 유식이나 천태 등 다른 종파들을 발전시키지 않는다면 불교가 더욱더 쇠약해지지 않겠습니까? 또한 종(宗: 선종)에도 정통하고 교(敎: 경전 내용을 근거로 하는 종파의 가르침과 수행, 교종)에도 정통한 도량들이 더욱더 적어지지 않겠습니까? 이 외에 불법을 연구하는 데 있어『무량수경』이나『아미타경』뿐만 아니라, 다른 경전들도 반드시 읽고 공부해야 되지 않겠습니까?

답변

석가모니부처님께서 이 세상에 출현하신 목적은 바로 널리 중생을 제도하기 위함이었습니다. 따라서 널리 중생을 제도할 수 있다면 부처님께서 세상에 출현하신 목적이 달성된 것입니다. 그런데 만약 우리 중생이 불교를 공부하지만 극락세계에 왕생하지 못하고, 죽은 뒤에도 여전히 계속 윤회하게 된다면, 설사 선종(宗)과 교종(敎)에도 통달하고 경전들에 깊이 파고들어 팔만사천법문을 다 통달한다고 해도, 그것은 석가모니부처님의 목적이 아니며 또한 우리가 불교를 배우는 목적도 아닙니다. 왜냐하면 일단 한 번 윤회하게 되면 이생에서 배운 것들이 다음 생에서 반드시 기억할 수 있는 것은 아니기 때문입니다. 더군다나 우리는 업력에 따라 윤회하게 되는데, 만약 지옥에 떨어진다면 오직 고통만 받게 됩니다. 몸과 마음으로 온통 고통만 받기 때문에 과거에 공부한 것들을 다시 돌이켜 생각할 여력이 없습니다. 예컨대 만약 돼지의 태에 들게 된다면 바로 돼지의 습성과 성질과 어리석음을 갖게 됩니다.

그러므로 불교를 배우는 데 있어 가장 중요한 것은, 바로 이 정토법문 속으로 깊이 들어가서 극락세계에 왕생하는 것입니다. 스스로도 이 법문을 배울 뿐만 아니라, 우리와 인연이 있는 모든 사람들이 이 법문을 배울 수 있도록 권유해야 합니다. 이 법문을 배울 수 있으면 그것이 바로 큰 지혜이며, 장차 이 법문을 널리 전파할 수 있으면 그것이 바로 대자대비입니다. 여러분이 만약 이 법문을 배울 수 있으면 여러분은 바로 큰 선근과 큰 복덕을 지닌 것입니다.

모든 경전은 법이 소멸되는 시대(滅法時代)에 이르면 전부 다 소멸되지만, 오직 이 정토법문을 선양하는 『무량수경』만은 소멸되지 않습니다. 이 경전이 소멸되지 않는다는 것은, 모든 경전이 모두 소멸되지 않는다는 의미와 같습니다. 왜냐하면 모든 경전과 논서의 목적은 우리를 해탈케 하는 것이므로, 우리가 만약 해탈할 수 있다면 모든 경전과 논서의 목적이 달성된 것이기 때문입니다.

그러므로 경전에 깊이 들어가지 못할 것을 걱정할 것이 아니라, 오직 왕생하지 못할 것을 걱정해야 합니다. 왜냐하면 일단 왕생하기만 한다면 경전에 깊이 들어가는 것에만 그치는 것이 아니라, 삼명육통(三明六通: 세 가지 지혜와 여섯 가지 신통)과 무수한(百千) 다라니가 당장에 모두 나타나기 때문입니다.

저에 대해 말씀드리면, 젊었을 때는 상당히 많은 경전을 외웠는데, 지금은 나이가 많아서 기억력이 쇠퇴하여 그 경문들을 다 잊어버렸습니다. 세세생생 동안 제가 출가를 해본 적이 없다가 금생에 이르러서야 비로소 출가한 것은 절대 아닙니다. 고승으로 지냈을 때는 경전을 깊이 연구했던 적도 있었을 것이고, 모든 선한 일들도 다 해봤을 것입니다. 그리고 천상에도 태어나 봤을 것입니다. 사천왕천·도리천·야마천·도솔천에도 다녀왔으며, 색계천과 무색계천에도 다 다녀왔을 것이며, 모든 법문도 다 공부했을 것입니다. 하지만 지금은 어떻습니까? 극락세계에 왕생하지 못했기 때문에 지금도 여전히 범부입니다.

그리고 제가 사람을 죽인 적도 있었는데, 세세생생 동안 저에게 죽은 사람이 얼마나 많은지 모르며, 저에게 상해를 입은 중생들이 얼마나 많은지 모르며, 저에게 도둑맞고, 강도당하고, 욕먹고, 모욕을 당한 사람이 얼마나 많은지 알지 못합니다. 그래서 저는 아비지옥에 떨어졌던 적도 있었고, 도산지옥에 오른 적도 있었으며, 화탕지옥에 내려간 적도 있었고, 축생과 아귀가 되었던 적도 있었습니다. 제가 바로 그런 사람입니다. 다른 점은, 오직 극락세계에만 왕생한 적이 없다는 것뿐입니다.

그렇다면 여러분들에게 묻겠습니다. 여러분은 이전에 출가하신 적이 있었나요?

【대중들: 있었습니다.】

고승으로 지낸 적은 있었나요?

【대중들: 있었습니다.】

일찍이 선정에 들 수 있었기에 오신통을 갖춘 적이 있었습니까?

【대중들: 모두 있었습니다.】

사람을 죽인 적이 있습니까?

【대중들: 있습니다.】

우리들은 어릴 적부터 고기를 먹은 적이 있습니까?

【대중들: 있습니다.】

고기를 먹는 것도 간접적인 살생인데, 하물며 직접적인 살생이겠습니까! 그러므로 우리들은 세세생생 동안 모두 오계五戒를 범한 적이 있었고, 십악十惡의 업을 지었던 적도 있었으며, 천상에도, 지옥에도 모두 다녀왔습니다. 『정법염처경正法念處經』에서는 "천상에서부터 지옥에 떨어지고, 지옥에서부터 천상에 오른다"고 말씀하셨고, 『열반경』에서는 "비록 다시 범천의 몸을 얻거나 심지어 비상비비상천의 몸을 얻는다 해도, 목숨을 마치면 다시 삼악도 가운데로 떨어진다"라고 말씀하셨습니다.

색계천에 태어날 수 있으려면 선정의 경지가 상당히 높아야 합니다. 그런 선정이 있으면 신통력도 생기게 되는데 담벼락도 장애 없이 출입할 수 있으며, 과거와 미래도 알 수 있고, 또한 다른 사람의 마음을 알 수 있는 타심통他心通도 생기게 됩니다. 하지만 목숨을 마치고 복이 다하면 장차 지옥이나 아귀나 축생으로 떨어질 수도 있습니다. 무색계천도 마찬가지입니다. 무색계천에서 가장 장수하는 수명이 팔만사천 겁인데, 그

동안 매우 깊은 선정 속에 머물러 있습니다. 하지만 일단 죽으면 여전히 타락할 수밖에 없습니다.

어떤 사람이 귀한 국왕이 되어 금과 옥으로 장식된 옷을 입더라도, 그가 바다 속에 빠질 때는 거지 한 사람이 바다 속에 빠지는 것과 다를 바 없어서, 둘 다 똑같이 죽고 맙니다. 이 말의 의미는, 만약 삼계육도를 벗어나지 못한다면 우리의 운명은 모두 마찬가지라는 것입니다. 선인이든 악인이든, 출가자든 재가자든 마찬가지입니다. 반드시 생사윤회에서 해탈할 수 있어야 비로소 궁극적인 길이 되는 것입니다.

그러므로 우리들은 이러한 지혜가 있어야 합니다. 다른 법문은 배울 필요가 없으며 널리 전파할 필요가 없다고 말하는 것은 아닙니다. 그것도 여전히 필요합니다. 예를 들어, 우리가 염불만 하면 되는 게 아니라, 여전히 최선을 다해 인류의 도리를 지키고 자신의 책임을 다하며, 삿된 생각을 방지하고 진실한 마음을 가져야 하며, 모든 악을 짓지 말고 온갖 선을 받들어 행하며, 또한 다른 교리들도 이해해야 합니다.

다만 우선시되는 것이 있고 부차적인 것이 있습니다. 가장 중요한 것은, 먼저 이 정토 교리를 이해하고 난 다음에 한 구절 명호를 마음속에 굳게 지니는 것입니다. 그리하여 먼저 생사의 문제를 해결하고 나서, 다른 것들은 각자의 인연과 능력에 따라서 하시라는 겁니다. 이와 같이 할 수만 있다면, 다른 일들도 물론 할 수 있다면 좋겠지만, 할 수 없다 하더라도 유감은 없을 것입니다. 왜냐하면 때가 되면 이러한 모든 것을 다 잊어버리기 때문입니다. 우리가 나이가 들었을 때, 만약 정신이 맑고 귀와 눈이 밝다면 그건 너무나 큰 축복입니다. 그렇지 않으면 수명이 긴 사람일수록 대부분 치매에 걸리게 됩니다.

우리들의 아뢰야식 안에는 3장 12부의 경전이 조금도 빠짐없이 모두 저장되어 있기에, 극락세계에 이르러 아미타불을 뵙게 되면 모두 열리어 완전하게 갖추어지게 됩니다. 마치 석가모니부처님께서 새벽별을 보시기 전에는 범부였지만, 한번 새벽별을 보자마자 단박에 삼명육통과 백천 다라니를 갖추시어 즉시에 천상천하에서 가장 존귀한 제일의 부처님이 되신 것과 같습니다.

그러므로 우리는 아무 것도 모르는 것을 두려워할 것이 아니라 다만 우리가 왕생하지 못할까를 두려워해야 하며, 우리가 널리 중생을 제도하지 못할까를 두려워할 것이 아니라 다만 성불하지 못할까를 두려워해야 합니다. 왕생하면 반드시 성불하게 되어 있고, 성불하면 틀림없이 널리 중생을 제도하게 되어 있습니다.

아무튼, 모든 것은 먼저 왕생하고 나서 보자는 말입니다. 그렇지 않으면 무상(無常: 죽음)이 시시각각으로 우리 곁에서 우리를 기다리고 있는데, 외출했다가 자동차에 부딪쳐 죽을 수도 있고, 비행기를 타다가 비행기 사고를 당할 수도 있으며, 차를 타다가 자동차 사고를 당할 수 있습니다. 따라서 우리는 오로지 이 정토법문을 배워야만 비로소 진정으로 마음이 편안할 수 있는 것입니다.

  무상無常에 대한 관찰이 매우 깊은 사람이라야 착실하게 불교를 공부하는 사람이라 말할 수 있습니다. 왜냐하면 무상에 대한 관찰이 깊을수록 그 사람이 열심히 정진하도록 동기부여가 되고, 그 사람이 현생에서 해탈할 수 있는 법문을 찾을 수 있도록 자극을 주게 되기 때문입니다. 만약 무상에 대한 깊은 관찰이 없다면, 그는 노력을 하지 않고 느긋하게 이리저리 찾아 헤매면서 하루하루를 허비하다가, 정말 무상(죽음)이 닥쳐왔을 때는 이미 늦어버리게 됩니다.

질문

만약 오로지 아미타불만 부르고, 다른 법문은 모두 배우지도 묻지도 않는다면 아마 이제부터 정토종만 남게 될 것이고, 시간이 더 지나면 말법의 시기가 매우 빨리 오게 될 것입니다. 그러므로 (정토염불에만) 치우쳐 집착하지 말고 마땅히 중용의 길을 가야 할 것입니다. 더군다나 다른 보살님들도 모두 많은 법문을 다 닦으시지 않으셨습니까?

답변

이 문제에 대해 방금 위에서 모두 답변을 드렸던 것 같습니다.

　문수보살께는 한 수의 발원게가 있는데, 이 게송에서 문수보살님은 당신의 심정을 그대로 다 드러내셨습니다. 그분은 이렇게 말씀하셨습니다.

"원하오니, 제가 목숨이 마칠 때
모든 장애 다 사라지고
눈앞에서 직접 아미타부처님 뵈옵고
곧바로 극락세계로 왕생하여지이다."
(願我臨終時 盡除諸障碍 面見阿彌陀 卽生安樂刹)

　이것이 문수보살님의 발원입니다. 문수보살님은 법조(法照: 정토종 제4조, 당나라 때 오회염불을 창시)대사에게도 오로지 아미타불을 불러서 극락세계에 왕생하라고 권유하셨습니다. 그럼 보현보살님의 발원은 무엇일까요? 보살님은 이렇게 말씀하셨습니다.

"원하오니, 제가 목숨이 마치려 할 때
일체의 모든 장애 다 사라지고
눈앞에서 직접 저 아미타부처님 뵈옵고

곧바로 극락세계로 왕생하여지이다."

(願我臨欲命終時 盡除一切諸障碍 面見彼佛阿彌陀 卽得往生安樂刹)

아울러 보현보살님은 화엄회상華嚴會上의 41위位 법신보살들을 인도하여 극락으로 왕생하도록 하셨습니다. 그런 까닭에 아미타부처님 앞에서는 문수보살과 보현보살께서도 모두 스스로를 하품하생의 범부로 생각하시고, 임종 때에 모든 장애가 사라져 아무 탈 없이 순조롭게 극락에 왕생할 수 있기를 바라고 계시는 것입니다.

우리가 재앙을 없애고 어려움을 면할 수 있는 공덕 또한 이 한 구절 아미타불 명호 안에 있습니다. 그래서 재앙을 없애고 수명을 늘이게 해주시는 약사여래불의 불호의 능력도 이 나무아미타불이란 만덕홍명萬德洪名 안에 다 들어 있습니다. 왜냐하면 이 여섯 자의 위대한 명호(洪名)는 바로 아가타약(불사약)이며, 만병통치약이기 때문입니다.

한 걸음 더 나아가 말한다면, 오직 '나무아미타불'이라는 한 부처님의 명호만 부르면 시방의 모든 부처님을 부르는 것과 같습니다. 그래서 우리가 아미타불을 부르면 시방의 모든 부처님께서는 약속이나 하신 듯이 일제히 우리를 찬탄하시고, 우리를 기억하여 보호(護念)하시며, 우리를 칭찬해 주십니다. 그러니 이 법문을 선택한 것은 사실 매우 지혜로운 선택인 것입니다.

　우리들이 이 정토법문을 배운 뒤에는 더 이상 또다시 관세음보살님이나 대세지보살님의 명호를 부를 필요는 없습니다. 왜냐하면 단지 아미타불만 부르면 관세음보살님이나 대세지보살님께서는 아주 기뻐하시면서 당신의 벗이 되어주시고 형제가 되어주시기 때문입니다. 그리고 (두 보살님은) 마치 그림자가 항상 형체를 따르는 것처럼 당신을 보호하십니다. 그 이유는, 당신이 부르는 부처님은 바로 그분들이 머리 위에 모시고 있는 분이시기 때문입니다.

　우리가 마땅히 알아야 할 것은, 관세음보살님의 목적은 바로 고난에 빠진 중생을 인도하여 나무아미타불을 부르게 하는 것이며, 그런 다음 극락세계로 데려가시는 것입니다. 그렇지 않으면 관세음보살님은 이렇게 말씀하실 것입니다. "내가 무척 피곤하구나! 그대가 아직도 윤회하고 있고 아직도 고난 속에 있으니, 내가 세세생생토록 거듭거듭 그대를 고난에서 건져야 하니 말이다. 하지만 만약 그대가 지금 이생에서 나무아미타불을 부른다면 내가 홀가분할 수 있겠구나!" 이것이 바로 관세음보살님의 목적입니다. 그러므로 우리는 이 법문과 이 부처님과 이 보살님의 목적을 알고서, 문자에만 의지하여 뜻을 이해하려 하지 않아야만 비로소 샛길로 빠지지 않게 됩니다.

순수한 정토 법문

혜정법사 법문 | 정전 번역

머리말

저는 용렬하고 어리석고 지혜가 부족하여 비록 불법을 공부한 지는 여러 해가 지났지만 여태껏 불법의 심오한 이치를 깨닫지 못했습니다. 비록 전수염불(專修念佛: 오직 나무아미타불을 부르는 수행)을 하고는 있지만 극락세계 왕생에 대하여 시종 자신이 없었습니다.

번뇌 망상은 마치 폭풍이 불고 소나기가 내리듯이 잠시도 멈추질 않았고, 억지로 부처님의 명호로써 번뇌를 누르려고 하면 도리어 더욱더 거세지기만 하였습니다. 그래서 오랜 시간 동안을 매일같이 방황하였으며, 의지할 데가 없어 늘 걱정되고 불안하였습니다.

다행히도 나중에 정토종의 선도류善導流 계열의 저술들을 접하게 되었는데, 글을 읽는 순간 문득 시원한 물줄기가 가슴속 깊이 흘러드는 것 같았습니다.

아! 본래 아미타불께서는 십겁이란 세월 동안 항상 우리처럼 유랑하고 있는 고아들을 부르고 계시며, 절실한 마음으로 우리들이 하루속히 고향으로 돌아오기만을 기다리고 계셨던 것이구나!

 이 인연으로 말미암아 우리 모두가 비록 깊고 무거운 업력을 가진 범부들이지만 역시 모두 극락세계에 왕생할 수 있음을 알게 되었습니다.

 또한 이것은 완전히 아미타불의 원력에 의지한 것이므로, 오로지 부처님의 명호를 부르기만 하면 바로 아미타불의 대원력의 배에 타고 있는 것과도 같아서, 반드시 나의 고향인 극락세계에 안온安穩하게 도착할 수 있다는 것을 확신할 수 있었습니다.

 2009년 여름, 대중들이 중국 심양(瀋陽: 중국 요녕성의 성도이고 중국 동북3성에서 제일 큰 도시)에서 정토법문을 듣기 위해 혜정법사慧淨法師님을 초청하였는데, 자비하신 법사님께서는 흔쾌히 허락해 주셨습니다.

 법문을 하시는 동안 저는 스님 곁에서 법문을 들으면서 법희法喜로 충만하였고, 엄청난 이익을 얻을 수 있었습니다. 스님의 법문은 처음부터 끝까지 심오하고 현묘玄妙한 이론들을 언급하지 않으셨으며, 법문 내용은 완전히 당신 자신의 진실한 신앙의 발로였습니다.

 예를 들어 법문 중에는 이런 말씀이 있습니다.

"이러한 신앙은 바로 당신의 생명입니다. 신앙이 있다면 당신에게는 생명이 있는 것이고, 신앙이 없다면 당신에겐 생명이 없는 것입니다. 해탈의 생명도 없고 성불의 생명 역시 없습니다. 따라서 신앙이란 우리들에게 있어서 가장 근본이고 가장 중요한 것입니다. 우리에게는 부모님도 중요하고 자식도 중요하며 남편과 아내 역시 중요합니다. 그러나 맨 나중에는 전부 우리를 버리고 떠나게 됩니다. 결국 우리와 함께 할 수 있는 것은 오직 나무아미타불뿐이고, 오직 우리 자신의 신앙뿐입니다."

이런 말씀들은 구구절절 듣는 사람들로 하여금 심금을 울리며 가슴을 설레게 하였고, 말씀마다 철저하게 진리를 보여주셨으니, 한 치의 꾸밈도 없이 온전하게 진실한 믿음을 표출하셨습니다.

초학자初學者들에 대하여 스님께서는 또 이렇게 말씀하셨습니다.

어떤 사람들은 '나는 염불을 하면서 숫자를 정하지 않고 애써서 억지로 하지도 않는다. 염불은 내 마음으로 하는 것이기 때문에, 나는 항상 부처님을 생각하며 염불을 하고 있다.'라고 말씀하시는데 사실은 그렇지가 않습니다.

만약 그 사람이 염불을 하는 데 이미 습관이 되어 있어서 익숙한 것이 생소하게 바뀌고 생소한 것이 익숙하게 되었으면 몰라도, 그렇지 않다면 온종일 망상과 잡념 속에서 살면서 하루 동안 염불한 숫자를 통계해 보면 몇백 번도 채 안 될 것입니다.

여러분이 만약 아침저녁으로 시간을 정해서 조용히 앉아 염불을 하거나, 아니면 하루 동안 규칙적으로 천 번, 오천 번, 만 번의 숫자를 정해서 염불을 한다면 아무리 염불을 못해도 최소한 정해 놓은 천 번, 오천 번, 만 번의 숫자는 채울 수 있을 것입니다.

그래서 우리 초학자들은 매일 염불하는 숫자를 정해 두어야 합니다. 아침저녁으로 조용히 앉아서 염불을 하는 것 외에, 만약 낮에도 시간을 낼 수 있다면 숫자를 정해서 염불을 하셔야 합니다. 이렇게 오래오래 하다보면 습관이 될 수 있습니다. 그러면 설사 여러분이 염불의 숫자를 정하지 않고 또 염주를 돌리며 염불을 하지 않더라도 자연히 부처님을 떠올리며 염불을 하게 되는데, 입으로는 자신도 모르게 자주 염불을 하게 될 것이며 저절로 그렇게 될 것입니다.

평이하고 통속적이며, 낭랑하고 힘찬 이런 말씀들은 현대인들의 경망스럽고 나태한 병폐를 날카롭게 지적하였으며, 사람들로 하여금 부끄러운 마음을 일으키게 하는 '완렴나립頑廉懦立'²의 효과를 거두었으며 깊은 인상을 남겼습니다.

　인연 있는 연우蓮友님들이 한 걸음 더 나아가 혜정법사님의 법문을 심도 있게 이해할 수 있도록 돕기 위하여, 나의 천박함을 헤아리지 않고 법문하신 내용에 대하여 간략히 목차를 편집하고 정리를 하였습니다. 하지만 수준에 한계가 있으므로 불가피하게 부족한 부분이 있을 것이니, 여러 대덕님들께서 바로 잡아 주시길 간절히 청합니다.

　나무아미타불

부끄러운 후학 진우陳羽가
심양 대불사大佛寺에서 삼가 적음.

---

2 완렴나립頑廉懦立: 완고한 사람도 청렴하게 할 수 있으며, 나약한 사람도 바로 설 수 있다는 뜻으로, 감화력이 크다는 의미.

제1장

수당정토와
송명정토

두 가지 정토

정토법문은 두 가지로 나눌 수 있습니다. 하나는 수隋나라와 당唐나라 때의 정토이고, 또 하나는 송宋나라와 명明나라 때의 정토입니다.

수당정토는 순수한 정토

수나라와 당나라의 정토(수당정토)란 곧 정토종 선도류善導流[3]

---

[3] 중국에서의 정토사상은 크게 세 가지 흐름으로 나뉜다. 하나는 『반주삼매경』에 근거하여 견불見佛왕생을 중시하는 여산廬山 혜원慧遠의 백련사

를 가리킵니다. 즉 위로 용수龍樹, 천친(天親: 세친世親), 담란曇鸞, 도작道綽을 이어 선도善導에 이르기까지 전해져온 법맥의 정토교리 사상입니다.

이 법맥은 매우 순수한 정토이며, 잡다한 교리가 섞이지 않고 장황하거나 번잡하지가 않습니다. 순수하기 때문에 정확하며, 잡다한 교리가 섞이지 않고 장황하여 번잡하지 않으므로 두루뭉술하지가 않습니다. 이 법맥을 의지해 수행을 한다면 곧 이른바 "백 명이면 백 명이 왕생하고, 만 명이면 만 명이 왕생을 한다"는 것입니다.

다시 말해 다만 이 법문에 의지해서 수행한다면 어떤 사람이라도 극락세계에 왕생을 할 수 있으며, 금생에 바로 극락세계의 성중聖衆 가운데 일원이 될 수 있다는 것입니다. 이것이 바로 수당정토이며, 또한 선도류 법맥의 정토법문입니다.

송명정토는 잡다한 교리가 섞인 정토

송나라와 명나라의 정토(송명정토)란, 바로 북송北宋 때부터

白蓮社 계통이고, 둘째는 담란, 도작, 선도, 회감懷感으로 이어지는 칭명염불 계통이며, 셋째는 혜일慧日, 승원承遠, 법조法照로 이어지는 선정쌍수禪淨雙修 계통이다. 이 중 정토교로서의 독립된 교학을 확립한 것은 선도대사로 대표되는 두 번째 선도류이다.

줄곧 명나라 내지는 청나라에 이르기까지의 정토입니다. 이 정토와 수당 시대 선도대사의 정토를 비교하자면 비록 똑같은 정토법문이지만 내용에서는 큰 차이가 있습니다.

왜냐하면 송명의 정토는 이미 (성도문에 해당하는) 천태종, 화엄종, 선종의 사상들이 그 속에 섞여 있어서 교리적으로는 매우 풍부하고 아주 광대한 것처럼 보이지만, 이미 성도문의 사상이 들어가 있어서, 결과적으로 수학修學하는 사람들로 하여금 왕생의 큰일에 대하여 확정적이지 못하고 불안한 마음을 갖게 하기 때문이지요.

법보의 유실

무엇 때문에 송명의 정토가 순수하지 않다고 말할까요? 선도대사의 이 정토법맥과 관련된 저서들인, 천친(세친)보살의『왕생론』, 담란대사의『왕생론주』, 도작대사의『안락집』, 선도대사의『5부 9권』은 당나라 말엽에 점차적으로 중국에서 유실되어 일본으로 전해졌는데, 일본에서 그 빛을 크게 발하게 되었습니다.

청나라 말엽에 이르러 양인산楊仁山[4] 거사께서 일본에 거주

---

[4] 양인산(楊仁山, 1837~1911): 이름은 양문회楊文會, 인산은 그의 호이다.

하는 지인을 통하여 중국에서 유실된 경론들을 다시 중국으로 반입할 수 있도록 하였습니다. 이와 동시에 남경에서 「금릉각경처金陵刻經處」를 설립하여 이미 유실遺失되었던 경론들을 판각하고 인쇄를 하여 유통시켰습니다.

바로 이 선도류善導流라는 법맥의 정토교리 사상이 당나라 말기에 중국에서 실전失傳되었기 때문에, 그 뒤의 고승대덕들은 스스로 정토법문을 닦는다던가, 혹은 정토를 선양하는 데 있어서 각자 자기가 속한 종파(本宗)의 교리에 입각하여 해석을 하게 되었습니다. 왜냐하면 이 정토법맥의 교리를 설해 놓은 서적들의 전거典據가 부족했기 때문이었지요.

그리하여 결국 천태종은 천태의 교리에 의거하여 정토를 해석하였고, 화엄종은 화엄의 교리에 의거하여 정토를 해석하였

태평천국의 난으로 중국에 불경이 거의 소실되었을 때 일본으로 건너가 정토경론을 포함한 수많은 경전과 논서를 가져와 금릉각경처를 통해 이를 널리 유포하여 중국불교가 크게 일어나는 계기를 마련하였다. 양인산은 처음 『대승기신론』을 통해 불교에 입문했지만 수행은 정토신앙을 위주로 했으며, 정토경론을 가장 먼저 인쇄하여 유포하였다. 그의 일기에는 다음과 같이 적고 있다. "교학으로는 현수의 화엄학을 따르고, 수행은 미타정토에 있다(教宗賢首, 行在彌陀)." 청말 민국 초에 인광대사를 필두로 칭명염불을 위주로 하는 정토불교가 크게 일어난 결정적인 계기 중 하나도 바로 양인산 거사가 선도대사의 저작들을 중국으로 다시 가져와 유통시켰기 때문이다.

으며, 선종에서는 선의 교리로써 정토를 해석하게 되었는데, 이렇게 되다보니 정토사상이 순수하지 않게 되고 말았던 것입니다.

이행도

순수한 정토는 쉬운 법문이면서도 수승한 법문입니다. 용수보살께서는 당신의 저서인 「이행품」(『십주비바사론十住毘婆沙論』 제9품)에서 이 법문을 '이행도易行道'라고 말씀하셨습니다.

'이易'란 곧 '쉽다(용이容易)'는 말로서, 누구라도 닦을 수 있고, 전부 극락세계에 왕생할 수 있으며, 모두 빨리 성불을 할 수 있다는 것입니다. 그래서 '쉽다'고 하는 것이지요.

쉬운 원인은, 순수한 정토법문은 다만 한 구절 나무아미타불만 불러도 충분히 왕생할 자격이 있으므로, 매우 간단하여 다른 경전과 진언을 독송하고 다른 법문을 닦을 필요가 없는 데 있습니다.

만약 다른 경전과 진언이나 혹은 여러 가지 공덕과 수행을 섞어야만 왕생할 수 있다면, 그것은 매우 번잡하여 간단하지가 않을 것입니다.

한 구절 나무아미타불은 단지 여섯 글자뿐입니다. 간단하고 쉽기 때문에 세 가지 근기에 두루 가피를 줄 수 있어, 상근기·중근기·하근기를 막론하고 모두 수학修學할 수 있으며, 출가자뿐만 아니라 재가자도 모두 닦을 수 있습니다.

이른바 "세 가지 근기에 두루 가피를 주고, 영리한 근기든 둔한 근기든 모두 거두어들이니, 만인이 닦아 만인이 왕생한다(三根普被 利鈍全收 萬人修萬人去)"는 것입니다.

또 다른 측면에서는, 염불하는 사람은 금생에 극락왕생을 확정지을 수 있고, 왕생을 하고 나서 신속하게 성불을 할 수 있으므로, 간단함의 이면에는 경계의 높고 뛰어남이 있다는 것입니다. 만약에 간단하기는 하나 한평생 동안 성취를 할 수 있을지 결정되지 않았다거나, 혹은 간단하여 왕생을 할 수는 있어도 왕생을 한 뒤 오랜 시간이 지나야만 성불의 과위를 증득할 수 있다면 수승하다고 말할 수 없겠지요.

배를 타는 비유

용수보살께서는 이 법문을 간단하면서도 쉽고, 편안하면서도 즐거운 법문이라 말씀하시면서 '배를 타는 비유(乘船喩)'를 드셨습니다.

배 위에 앉아 있으면 신체가 건강하든 건강하지 못하든, 행동이 자유롭든 자유롭지 못하든 상관없이 단지 배 위에만 앉아 있으면 모두 편안하고 즐겁고 평등하게 여기(사바)에서 저 피안(극락)에 도달할 수 있습니다.

이것은 하나의 비유인데, 생사윤회를 벗어나는 데 있어 우리 범부들의 힘으로는 성취할 수 있는 바가 아니라는 것을 설명하고 있습니다.

우리 범부들은 사실상 업을 짓는 능력만 있을 뿐, 윤회를 벗어나고, 나아가 성불을 할 수 있는 능력은 없습니다. 그래서 용수보살님께서는 어떠한 법문도 정토법문을 제외하고는 전부 '난행도難行道'라고 말씀하신 것입니다.

난행도

이 어려움(難)을 용수보살께서는 하나의 비유로 드셨는데, 바로 '길을 걸어감(走路)'입니다. 우리가 천 리, 만 리 먼 길을 가고자 했을 때, 만약 배나 혹은 비행기가 있다면 매우 간편할 것이고, 길을 걸어서 가야 한다면 매우 수고로울 것입니다.

설사 수고스럽게 산을 넘고 물을 건넌다 하더라도 반드시 도착할 수 있다는 보장은 없습니다. 왜냐하면 길이 멀기에 도사리고 있는 위험부담이 많고 온갖 어려움들이 가로막고 있기 때문입니다.

용수보살께서는 또 다른 비유를 드셨습니다. 마치 우리들이 두 손으로 삼천대천세계를 들어 올리는 것과 같다고 하셨는데, 어떻게 들어 올릴 수 있겠습니까? 우리들의 힘으로는 50근, 100근 정도야 들 수 있겠지만 삼천대천세계는 아무리 애써 봐도 절대로 들어 올릴 수 없습니다.

용수보살님은 이러한 비유로써 자신의 힘으로 생사윤회를 벗어나고, 나아가 불과를 성취하기란 매우 어렵다는 것을 표현하신 것입니다.

하늘을 날아오르는 것처럼 어렵다는 말이 있듯이 비행기를 타면 하늘에서 짧은 시간을 비행할 수는 있겠지만, 만약 비행기가 없다면 우리가 어떻게 하늘을 날 수 있겠습니까? 이것은 불가능한 일입니다.

하지만 여러분이 단지 '아미타불의 정토에 왕생하기를 발원하고, 오로지 아미타불의 명호만 부른다'면 곧 아미타불의 원력의 배를 타고 있는 것과 같아서, 여러분이 출가자든 재가자든, 수행을 할 줄 알든 모르든, 마음이 청정하든 청정하지 않든 모두 극락세계에 왕생을 할 수 있습니다.

따라서 여러분은 이미 육도윤회를 하는 범부가 아니라 극락세계의 성중(聖衆: 거룩한 무리) 가운데 일원이라 말할 수 있으며, '오로지 아미타불의 명호만 부르면 반드시 아미타불의 정토에 왕생할 수 있다'고 말할 수 있으니, 이와 같은 원인(如是因)이면 반드시 이와 같은 결과(如是果)를 얻을 수 있기 때문입니다.

잡다한 교리가 섞인 수행

송명의 정토도 역시 염불을 위주로 하며, 극락세계 왕생을 목적으로 하지만, 여러 가지 조건들이 붙으므로 염불 외에 공덕을 쌓아서 보조수행(助行)으로 삼아야 합니다.

염불 외에 다른 공덕을 닦아서 조행으로 삼아야 했을 때 공덕을 쌓을 수야 있으면 괜찮겠지만, 공덕을 쌓을 수 없다면 여러분은 어떻게 할 것입니까?

공덕에는 진실한 것과 거짓된 것이 있는데, 현실적으로 말해 우리가 지은 공덕에는 모두 탐·진·치가 들어 있으므로 모두 오염된 것이고, 유루有漏법이어서, 진실한 공덕이라고 할 수 없습니다. 이러한 공덕으로 어떻게 왕생의 자량(밑천)을 삼을 수 있겠습니까?

동시에 송나라, 명나라 시기 정토사상에서의 염불은 반드시 어느 정도 공부가 되어 있어야 한다고 강조하고 있습니다. 이른바 "공부가 한 덩어리를 이룸(功夫成片)"이 되거나, 혹은 견혹見惑과 사혹思惑[5]을 끊어서 사일심事一心을 이룬다든가, 혹은

---

5 견혹見惑과 사혹思惑: 둘 다 삼계 내의 번뇌로, 견혹과 사혹을 합하여 견

진사혹塵沙惑[6]과 근본무명혹根本無明惑[7]을 깨트리고 이일심理一心에 도달해야만 비로소 왕생의 품위品位가 높다고 말하고 있습니다.

이러한 견해들은 선도대사님의 이 법맥의 견해와는 하늘과 땅 차이로 구별되기에 서로 아무런 관계가 없습니다.

극락은 나의 고향

극락세계는 아미타불께서 우리 시방세계 중생들을 위해 건립한 곳입니다.

시방세계 중생에는 성인이 있고 범부가 있으며, 또 범부 가운데는 선인善人도 있고 악인도 있으므로 모든 중생들을 다 포

사혹이라 하는데 삼혹(三惑: 견사혹·진사혹·무명혹)의 하나이다. 사성제四聖諦의 도리를 잘못 이해하여 잘못된 견해를 일으키는 번뇌를 견혹見惑이라 하고, 탐貪·진瞋·치癡로 세간의 사물과 대상에 대해 일으키는 번뇌를 사혹思惑이라 한다.

6 진사혹塵沙惑: 삼혹의 하나로서 사람들을 교화할 때 다양한 현실의 양상을 이해하지 못하여 상황에 맞게 자유롭게 교화하지 못함으로써 일어나는 번뇌이다.

7 근본무명혹根本無明惑: 삼혹의 하나로서 미혹迷惑의 근본이 되는 번뇌이다. 지혜가 밝지 못하여 진여眞如의 근본 이치에 이르지 못하는 번뇌를 말한다.

괄하고 있습니다.

아미타불의 극락세계는 모든 중생들을 위해 건립한 곳으로서, 소유권과 사용권이 모두 우리들의 이름으로 등록되어 있습니다. 극락세계에 왕생하는 공덕자량과 극락세계에서의 빠른 성불 또한 모두 아미타불께서 우리들을 위해 완성하신 것이며, 이 한마디 '나무아미타불' 육자명호 속에 이미 완성되어 있습니다.

만덕홍명

모든 중생들이 극락세계에 왕생하고자 할 때, 그 바른 인(正因)과 바른 업(正業)과 공덕자량은 어디에 있을까요? 나무아미타불의 육자명호 속에 있습니다. 이 명호는 원만하고 구족하며, 심지어 초월적입니다.

다시 말해서 이 한마디 아미타불의 명호에는 팔만사천법문의 공덕이 원만이 들어 있고, 팔만사천법문의 공덕을 구족하며, 팔만사천법문의 공덕을 초월한다는 것입니다.

따라서 극락왕생에 필요한 바른 인과 바른 업과 공덕자량은 이 한마디 아미타불의 명호 가운데 전부 들어 있다고 말할 수 있습니다.

아미타불 명호의 공덕은 왕생자에 대해서나, 성불에 대해서

나 조금도 모자람이 없고, 조금도 빠짐이 없이 원만하게 갖춰져 있으므로 이 한마디 나무아미타불을 일러 "만덕홍명萬德洪名"이라고 존칭하는 것입니다.

명호를 부르면 반드시 왕생한다

선도대사님의 이 법맥에 의거하여 염불을 하는 사람들은 전부 반드시 왕생합니다.

    선도대사께서 말씀하시기를,

"중생들이 (부처님의) 명호를 부르면 반드시 왕생한다(衆生稱念 必得往生)"라고 하셨으니, 단지 염불만 하면 백퍼센트 반드시 극락세계에 왕생할 수 있습니다.

    또 말씀하시길,

"저 (부처님의) 원력을 타면 반드시 왕생한다(乘彼願力 定得往生)"라고 하셨으니, 아미타불의 원력을 의지하면 반드시 극락세계에 왕생할 수 있다는 것입니다.

    아미타불께서는 본래부터 우리들을 위해 극락세계를 성취하겠다는 원력을 세우셨으며, 만덕홍명인 이 한 구절 명호를 부르는 사람들이 전부 극락세계로 왕생할 수 있도록 발원하셨습니다.

    그래서 선도대사께서는 "저 부처님의 원력을 타면 반드시 왕생한다"고 말씀하신 것입니다.

또 말씀하시길,

"부처님의 원력으로 쉽게 왕생한다(以佛願力 易得往生)"고 하셨으니, 아미타불의 원력이 있기 때문에 우리 염불하는 사람들이 모두 쉽게 왕생을 할 수 있다는 것입니다.

또 말씀하시길,

"부처님의 원력으로 전부 왕생한다(以佛願力 莫不皆往)"고 하셨습니다.

한마디로 말해 "아미타불의 정토에 왕생하기를 발원하고, 오로지 아미타불의 명호를 부른다"면 성인과 범부, 선인과 악인을 따지지 않고 반드시 전부 아미타불의 정토로 왕생하게 되어 한 사람도 누락되지 않는다는 것입니다.

그래서 선도대사께서 말씀하시길,

"인간과 천상의 선하고 악한 범부가 모두 왕생하나니, 저 극락세계에 이르면 아무런 차별 없이 다함께 퇴전하지 않는다(人天善惡 皆得往生 到彼無殊 齊同不退)"라고 하신 것입니다.

또 말씀하시길,

"타방세계의 범부와 성인이 원력을 타고 왕래하고, 저 극락세계에 이르면 차별 없이 다 같이 퇴전하지 않는다"라고 하셨습니다.

그러므로 선도대사님의 정토 교리는 기필코 왕생(必得往生)

하는 법문이고, 반드시 왕생(定得往生)하는 법문이며, 쉽게 왕생(易得往生)하는 법문이고, 전부 왕생(皆得往生)하는 법문이며, 다함께 퇴전하지 않는(齊同不退) 법문입니다.

만약 이러한 교리가 아니라면 왕생이 확실치가 않습니다. 마음이 일단 확실치가 않으면 수행이 불안해지게 되는데, 마음이 결정되지 않는 사람을 두고 누가 감히 그 사람이 현재 이미 왕생이 결정되고 왕생의 몫이 있다고 말할 수 있겠습니까? 전적으로 선도대사님의 이러한 계통의 법문을 닦는 사람이 아니라면 감히 이렇게 말할 수 없습니다.

경전의 근거

이 법맥은 경전에 근거를 두고 있습니다. 만약 경전에 근거하지 않고, 석가모니부처님의 말씀을 근거하지 않는다면, 그것은 불법이 아니라 외도입니다.

그러므로 "문자 그대로 뜻을 해석하면 삼세의 부처님들이 억울하다고 하시고, 경전에서 한 자라도 어긋나면 마설과도 같다(依文解義 三世佛冤, 離經一字 等同魔說)"라는 말씀이 있듯이, 어떠한 법문을 제창하든 간에 불교의 법문이라면 반드시 경전에 의거하여야 합니다.

그럼 용수, 천친, 담란, 도작, 선도의 이 법맥에서 의거하는 것은 어떤 경전들일까요?

정토삼경淨土三經입니다. 석가모니부처님께서 일생 동안 수많은 경전을 설하셨지만, 그 가운데 아미타불의 정토와 관련된 경전은 대략 2백여 부로서 전부 아미타불과 극락세계에 대하여 언급을 하셨습니다.

이 2백여 부의 경전 중에서 처음부터 마지막까지, 즉 "여시아문"부터 "작례이거"에 이르기까지 구구절절 전부 순전히 극락세계의 장엄과 수승함, 아미타불의 구제의 공덕을 설하신 경전은 오직 삼부의 경전밖에 없으니, 곧 『무량수경』, 『관무량수경』, 『아미타경』입니다. 따라서 이 삼부경을 '정토삼부경'이라 부릅니다.

정식으로 의지함과 참고로 의지함(正依旁依)

이 법문을 제대로 설명하려면 반드시 이 삼부의 경전에 의거해야만 순수한 것입니다. 다른 경전은 보조역할만 할 뿐, 백퍼센트 다 의거할 수는 없습니다. 따라서 정식으로 의지하는 '정의正依'와 참고로 의거하는 '방의旁依'의 차별이 있습니다.

정식으로 의거함(正依)이란 곧 백퍼센트 의거한다는 것이고, 참고로 의거함(旁依)이란 다만 해당 경문 가운데 관련 있는 부분만 취하여 참고 또는 보조역할을 하고 해당사항이 없는 부분은 채택하지 않는다는 말입니다. 따라서 정토법문에서 정식으로 의거하는 경전은 단지 '정토삼부경'뿐이라는 것입니다.

용수, 천친, 담란, 도작, 선도 이분들께서는 순수하게 정토삼부경을 의거하여 정토법문을 해석할 뿐, 다른 종파의 교리를 그 속에 섞지 않았습니다. 즉 이 법문은 엄선을 거쳤기 때문에 순수하여 혼잡하지 않고, 또한 이치에도 맞고 근기에도 부합합니다.

전수염불하면 반드시 왕생한다(專修必定)

전수염불을 지향하는 이 순수한 정토법문은 방법상으로도 간단하고 쉬워서, 우리가 다만 오로지 나무아미타불만 부르면 곧 왕생의 직접적인 원인(正因)이 되어 반드시 왕생을 할 수 있습니다.

만약에 오로지 나무아미타불을 부르지 않는다면 결정되지 않아 왕생을 할 수도 있고 왕생을 하지 못할 수도 있습니다. 왜냐하면 오로지 나무아미타불을 부르는 사람이라면, 그 사람의 마음에는 어느새 오로지 아미타불의 구제에 의지하게 되고, 오로지 아미타불의 불력佛力과 원력, 공덕력에 의지하게 되기 때문입니다.

한 사람이 만약 전적으로 아미타불을 의지하고, 또 의지하는 대상이 의지할 만한 대상이라면, 그렇다면 어찌 금생에 성취할 수 없겠습니까?

그런데 여러분이 만약 전수專修를 하지 않는다면 반드시 왕생할 수 있다고 말할 수가 없습니다. 불가능하다는 것이 아니라 반드시 꼭 왕생할 수 있는 것은 아니라는 말입니다.

제2장

제18원과 제19원

48원의 분류

지금부터 『무량수경』에서 왕생과 관련 있는 원願에 의거하여 방금 말씀드린 이치의 근거로 삼고자 합니다.

아미타불께서는 총 48대원이 있으신데, 만약 이 48대원을 귀납하고 분류를 한다면 세 가지로 구분할 수 있습니다. 즉 극락세계의 국토(정토)와 관련된 원과 아미타불 자신과 관련된 원, 그리고 우리들의 왕생공덕과 관련된 원입니다.

극락의 과보는 불가사의하다

이 48대원 중에 정토와 관련이 있는 원을 예로 들면, 앞부분의 제1원은 '국무악취원國無惡趣願'⁸으로서 극락세계에는 삼악도가 없음을 나타냅니다.

왜냐하면 대자대비와 대원대력을 갖추신 아미타불께서는 삼악도에 떨어지게 될 중생들과 삼악도의 죄업을 지은 중생들을 구제하여 그들로 하여금 영원히 두 번 다시 삼악도에 떨어지지 않게 하기 위하여 '국무악취원'을 세우셨기 때문입니다.

제2원은 '불갱악취원不更惡趣願'⁹으로서, 염불하는 사람들로 하여금 극락세계에 왕생한 뒤, 시방세계를 다니면서 중생구제를 발원하며 영원히 삼악도에 떨어지지 않게 한다는 것입니다.

제3원은 '실개금색원悉皆金色願'¹⁰이고, 제4원은 '무유호추원無有好醜願'¹¹입니다. 극락세계에 왕생하면 아미타불과 똑같은 금색신이고 생김새도 모두 똑같습니다. 여러분이 어떠한 신분으로 왕생하든 간에 생김새는 전부 아미타불처럼 32상 내지

---

8 제1원: "만약 제가 부처가 될 적에 그 나라에 지옥, 아귀, 축생(삼악도)이 있다면 정각을 취하지 않겠습니다."

9 제2원: "만약 제가 부처가 될 적에 그 나라의 중생들이 수명이 다한 뒤에 다시 삼악도에 떨어진다면 정각을 취하지 않겠습니다."

10 제3원: "만약 제가 부처가 될 적에 그 나라 중생들이 모두 진금색이 되지 않는다면 정각을 취하지 않겠습니다."

11 제4원: "만약 제가 부처가 될 적에 그 나라 중생들의 모양이 같지 않아 잘나고 못난이가 있다면 정각을 취하지 않겠습니다."

는 팔만사천 상으로 모두 똑같이 만덕장엄萬德莊嚴을 갖추게 됩니다. 마치 『장엄경』에서 "부처님의 금색신과 같아 미묘한 상호가 전부 원만하다(如佛金色身 妙相悉圓滿)"고 말씀하신 것과 같습니다.

제5원에서 제10원까지[12]는 아미타불의 정토에 왕생한 중생들은 전부 여섯 가지 신통을 갖추게 된다는 원입니다.

제11원은 '필지멸도원必至滅度願'[13]입니다. 아미타불의 극락정토에 왕생한 사람들은 전부 곧바로 정정취[14]를 얻고 열반을 증득하게 되는데, 아미타불께서 우리들을 위해 성취하신 극락세계에는 이러한 공덕과 작용이 있습니다.

이어서 제12원은 '광명무량원光明無量願'[15]이고, 제13원은 '수명무량원壽命無量願'[16]으로서, 이 두 원은 제11원에서 (왕생

---

12 제5원은 숙명통, 제6원은 천안통, 제7원은 천이통, 제8원은 타심통, 제9원은 신족통, 제10원은 누진통이다.
13 제11원: "만약 제가 부처가 될 적에 그 나라의 중생들이 정정취正定聚에 머물지 못하고, 반드시 열반을 얻지 못한다면 정각을 취하지 않겠습니다."
14 정정취正定聚: 반드시 성불하기로 결정된 부류, 근기.
15 제12원: "만약 제가 부처가 될 적에 광명에 한량이 있어 백천억 나유타의 모든 불국토를 비출 수가 없다면 정각을 취하지 않겠습니다."
16 제13원: "만약 제가 부처가 될 적에 수명에 한량이 있어 백천억 나유타 겁까지만 이른다면 정각을 취하지 않겠습니다."

한 중생이) 증득한 불과佛果가 아미타불과 똑같음을 나타냅니다.

아미타불께서 무량수이므로 극락세계에 왕생하면 우리도 똑같이 무량수가 되고, 아미타불께서 무량광이므로 극락세계에 왕생하면 우리도 똑같이 무량광이 된다는 것입니다.

저 부처님께서는 우리가 어떠한 중생이든 간에, 성인이든 범부이든, 출가자든 재가자든, 심지어 선인이든 악인이든 일단 극락세계에 왕생하기만 하면 전부 성불을 할 수 있게 해주십니다.

따라서 본래 마땅히 삼악도에 떨어져야 할 사람이지만 극락세계에 왕생하고 나면 다시 삼악도에 떨어질 필요 없이 아미타불의 원력에 의지하여 삼악도의 죄업이 소멸되고, 아미타불의 공덕에 의지하여 신속하게 성불을 하게 되는 것입니다.

단지 제1원부터 제13원까지만 보더라도 극락세계의 수승하고 장엄하며 불가사의한 과보를 잘 나타내고 있습니다.

그래서 선도대사께서 찬탄하면서 해석해 말씀하시길,

"극락은 무위의 열반 경계요,
염불이 곧 열반의 문이로다."

(極樂無爲涅槃界 念佛卽是涅槃門.)

라고 하셨습니다. 또 다음과 같이 말씀하셨습니다.

"티끌과 같은 옛 업들이 지혜에 따라 사라지고
어느새 열반의 문으로 들어가네.
크고 작은 아승지 항하사 겁도
역시 손가락 한 번 튕길 사이와 같구나."
(微塵故業隨智滅 不覺轉入涅槃門,
大小僧祇恒沙劫 亦如彈指須臾間.)

중생들을 극락으로 거두어들이는 세 가지 발원

48원 가운데 아미타불이 시방세계 중생들을 구제하시겠다는 원은 어디에 있을까요? 바로 제18, 19, 20원에 있습니다. 따라서 이 세 가지 원을 '섭생삼원(攝生三願: 중생들을 거두어 주시는 세 가지 원)'이라고 부릅니다.

'섭생삼원'이란 바로 이 세 가지 원으로써 시방세계 중생들을 구제하시는 것으로, 시방세계 중생들로 하여금 극락세계로 왕생케 하여, 방금 말씀드린 것처럼 제11원을 통하여 전부 성불할 수 있게 하며, 제12원과 제13원을 통하여 아미타불과 같이 무량광·무량수를 성취할 수 있게 합니다.

그러므로 여기서 우리와 가장 밀접한 관계가 있는 것이 바로 이 세 가지 발원인 18원과 19원, 20원입니다.

만약 이 세 가지 원이 없다면, 설사 극락세계가 제아무리 청정하고 장엄하며 제아무리 시방국토를 초월한다 하더라도 우리들에게 돌아올 몫은 없습니다. 따라서 이 세 가지 원은 우리들에게 있어 매우 중요합니다.

당기원과 결연원(當機願 結緣願)

이 세 가지 원은 아미타불께서 시방세계 중생들을 섭수하여 구제하시는 원력입니다. 다만 이 세 가지 원의 내용은 다릅니다. 왜냐하면 중생들의 근기는 천차만별이고, 아미타불께서 모든 중생들을 두루 섭수하시기 위해서는 반드시 18원과 19원과 20원이 있어야 하기 때문입니다.

이 세 가지 원 가운데 18원[17]과 19원[18]을 '당기원當機願'이라

---

17 제18원: "만약 제가 부처가 될 적에 시방세계의 중생들이 지극한 마음으로 믿고 기뻐하며 나의 나라에 왕생하고자 바라며 내지 열 번만이라도 내 이름을 불러서 만약 왕생할 수 없다면 정각을 취하지 않겠습니다. 다만 오역죄를 범하거나 정법을 비방하는 사람은 제외합니다."

18 제19원: "만약 제가 부처가 될 적에 시방세계의 중생들이 보리심을 일으켜 모든 공덕을 쌓고 지극한 마음으로 발원하여 나의 나라에 왕생하고자 바랄 때, 임종 시에 대중들과 함께 가서 그들을 마중할 수 없다면 정각을 취하지 않겠습니다."

부르는데, 이 두 가지 서원에 부합하는 중생은 금생에 반드시 극락세계에 왕생한다는 것입니다.

20원[19]에 부합하는 중생을 '결연원結緣願'이라 부릅니다. 비록 금생에 왕생하지는 못하지만 이미 아미타불과 인연을 맺었으므로 부처님께서 영원히 그 사람을 포기하지 않으시고 기연이 무르익을 때를 기다려 그 사람을 인도하여 다음 생, 혹은 그 다음 생에 반드시 극락세계에 왕생하게 하신다는 원입니다.

고승대덕께서는 제20원을 이렇게 표현했습니다.

"바늘을 삼킨 물고기는 물속에서 오래 가지 못한다."

제18원은 쉬움 중의 쉬움이다(易中易)

18원과 19원의 이 두 원은 모두 당기원當機願입니다. 그러나 만약 자세하게 분석해보면, 오직 제18원만이 용수보살께서 말씀하신 이행도의 법문임을 알 수 있습니다. 왜냐하면 제18원에서는 단지 '아미타불'의 구제를 믿고 아미타불의 정토에 왕

---

19 제20원: "만약 제가 부처가 될 적에 시방세계의 중생들이 나의 이름(아미타불)을 듣고 나의 나라(극락세계)를 생각하여 많은 선근공덕을 쌓고, 지극한 마음으로 회향하여 나의 나라에 왕생하고자 바라는데도 그 결과가 따르지 않는다면 정각을 취하지 않겠습니다."

생하기를 발원하며, 오로지 아미타불의 명호를 부른다면 반드시 아미타불의 정토에 왕생함을 말씀하시기 때문에 이행도라고 할 수 있는 것입니다.

오로지 아미타불의 명호를 부르는 것은 어린애도 부를 수 있을 뿐만 아니라 앵무새도 부를 수 있으므로 가히 쉬움 중의 쉬움이며, 이행도의 극치라고 할 수 있습니다.

제19원은 쉬움 가운데 어려움이다(易中難)

제19원은 정토종에서 난행도에 속하는데, 보리심을 일으키고 온갖 공덕을 닦은 다음 회향하여 왕생하는 것이기 때문입니다. 물론 성도문의 난행도와 비교를 한다면 여전히 이행도의 범주에 속하지만, 그러나 쉬움 중의 어려움이므로 제18원의 쉬움 중의 쉬움과는 이러한 차별이 있습니다.

제18원은 아미타불의 본마음이다(彌陀本懷)

제18원은 아미타불의 본마음입니다. 따라서 제18원에 의지하여 염불하는 중생은 아미타불과 직접적이면서 밀접한 관계가 있으며, 이러한 직접적이고 밀접한 관계는 갈라놓을 수 없습니다.

제19원의 중생과 아미타불은 본래 관계가 없습니다. 왜냐하면 보리심을 발하여 온갖 공덕을 닦는 등 기타 법문으로 회향하는 것은 오로지 아미타불을 의지하고 부르는 것이 아니기 때문입니다. 그런데 관계가 없다고 말하지만 역시 관계가 있습니다. 왜냐하면 그 사람이 닦은 공덕을 회향하여 정토왕생을 발원하였기에, 대자대비하신 아미타불께서는 구제할 수 있는 중생이라면 최선을 다해 구제해 주시기 때문입니다.

　이 사람이 보리심을 내어 온갖 공덕을 닦아 극락에 왕생하기를 원한다면, 아미타불께서는 당연히 이 기회를 잡아서 그 사람을 구제하실 뿐더러 그 사람의 마음을 안정시키기 위하여 임종할 때에 영접을 하셔서 극락왕생을 할 수 있도록 보증을 해주십니다.

　다만 두 원을 서로 비교해보면, 아미타불의 본뜻은 제18원의 '오로지 아미타불의 명호를 부른다'에 있으므로 선도대사께서는 "부처님의 본원을 바라보면, 그 뜻은 중생들이 한결같은 마음으로 오로지 아미타불의 명호를 부르는 데 있다(望佛本願, 意在衆生一向專稱彌陀佛名)"라고 말씀하신 것입니다. 따라서 제19원은 여기서 자세하게 설명하진 않겠습니다.

제18원

지금부터 18원을 구절 하나하나 살펴보겠습니다.

設我得佛 十方衆生 至心信樂 欲生我國 乃至十念 若不
설아득불 시방중생 지심신락 욕생아국 내지십념 약불
生者 不取正覺 唯除五逆 誹謗正法
생자 불취정각 유제오역 비방정법

(만약 제가 부처님이 될 적에 시방세계 중생이 지극한 마음으로 믿고 기뻐하며, 나의 나라에 태어나고자 하여 내지 열 번만이라도 내 이름을 불렀는데 만약 왕생하지 못한다면 부처가 되지 않겠습니다. 다만 오역죄와 정법을 비방한 자들은 제외하겠습니다.)

제18원은 총 36자로 이루어졌는데, 원문의 대의大意는 이러합니다. 아미타불께서 '만약 성불을 하지 않으셨으면 몰라도, 만약 성불을 하셨다면 시방세계의 중생들이 당신의 구원을 믿고, 당신의 극락세계야말로 시방세계 중생들의 영원한 안락처임을 믿으며, 극락세계 왕생을 발원하여 오로지 아미타불의 명호를 부른다면 반드시 왕생을 하게 된다'는 말씀입니다.

지극한 마음(至心)

'지극한 마음(至心)'이란 완전히 자신의 내심으로부터 나온 마음인데, 진심眞心 또는 진정眞正이란 뜻입니다. 우리가 일처리를 하거나 사람들을 상대할 때는 반드시 진심이어야 합니다.

만약 진심이 아니라면 그 일에는 아무런 의미가 없을 것입니다. 예를 들어 두 사람이 친구로 사귈 때에 반드시 진심으로 대해야 비로소 진정한 친구라고 할 수 있지, 만약 거짓된 마음으로 서로 이용만 하려 한다면 어찌 친구라고 할 수 있겠습니까?

우리가 매일 아미타불의 극락정토에 왕생하기를 발원한다고 말하지만 다른 사람들을 따라서 회향문만 읽을 뿐, 자신의 마음속으로부터 진정으로 극락세계에 왕생하려는 발원이 아니라면, 이것은 '지극한 마음'이라고 할 수 없습니다.

따라서 '지극한 마음'이란 여기서 아주 쉽게 이해를 할 수 있으니, 곧 내가 진심으로 극락세계가 있다는 사실을 믿고, 진심으로 극락왕생을 원하며, 진심으로 나무아미타불을 부르는 것입니다. 이것을 지극한 마음이라 부릅니다.

어떤 사람들은 '지극한 마음'을 해석하는 데 상당히 복잡할 뿐만 아니라, 심지어는 매우 오묘(玄妙)하기까지 하여 일반인들이 이해를 할 수가 없습니다. 그렇다면 해석이 잘못된 것입니다.

왜냐하면 정토법문이 '이행도(쉽게 가는 길)'인 이상, 교리적으로 쉽게 이해할 수 있을 뿐더러 방법상으로도 쉽게 실천할 수 있음을 나타내기 때문입니다.

그러므로 여기서의 '지심(至心: 지극한 마음)'이란 두 글자는 진심, 즉 진실한 마음이란 뜻입니다. 만약 다시 한 걸음 더 나아가 말한다면, 바로 지극한 정성과 간절한 마음입니다.

내가 지극정성으로 간절하게 극락세계에 왕생하기를 원하고, 지극정성으로 간절하게 아미타불의 구제에 의지한다는 뜻입니다.

따라서 '지극한 마음'은 믿음(信)까지 관철되어야 하므로, 믿음은 자신의 내심으로부터 나온 진정한 믿음이어야 합니다.

'지극한 마음'은 또한 발원(願)까지 관철되어야 하므로, 극락세계에 왕생하려는 발원은 진정으로 극락세계에 왕생하려는 발원이어야 합니다.

'지극한 마음'은 또한 염불(行)에도 관철되어야 하므로, 염불 역시 진정한 염불이 되어야지, 성의 없이 적당히 하고 만다든가 마지못해 형식적으로만 해서는 안 됩니다. 혹은 다른 사람들이 부르니까 나도 따라 부르는 식으로 해서도 안 된다는 것입니다. 따라서 '지극한 마음'은 '믿음(信)·발원(願)·염불

(行)'의 삼자량에 관철되어야 합니다.

믿고 기뻐함(信樂)

'신信'은 곧 믿음으로서, 극락세계가 실제로 있고 아미타불께서 실제로 계신다는 사실을 믿는 것인데, 이것은 초보적인 믿음입니다.

한 걸음 더 나아가 극락세계는 아미타불께서 우리들을 위해 발원하고 건립하신 세계이므로 우리들의 세계이고, 우리들의 집이며, 우리들의 소유임을 믿고, 모든 소유권과 사용권이 전부 우리들의 이름으로 등록이 되어 있으므로 우리가 돌아가려면 아주 자연스럽게 돌아 갈 수 있다는 사실을 믿어야 합니다. 극락세계가 우리들의 집인 이상, 집으로 돌아가는 것은 너무나도 자연스러운 일이어서 이는 일종의 천성天性이라 말할 수도 있으니, 이것이 바로 '신信'입니다.

우리가 기뻐하면서 신심과 환희심을 가지고 극락 고향으로 되돌아가려는 것이 곧 '믿고 기뻐함(信樂)'[20]입니다.

---

20 신락信樂에서 '樂'은 기뻐할 락, 좋아할 요의 두 가지로 발음되는데, '믿고 좋아함(신요)'이라고 번역할 수도 있으나, 아미타불의 구제를 믿고 기뻐한다는 뜻으로 '믿고 기뻐함(신락)'으로 번역하는 것이 더 원문의 뜻에 부합된다고 판단되므로 '락'이라고 발음하였다.

그 다음은 아미타불의 구제를 믿고 받아들이는 것입니다. 아미타불께서는 자발적으로 모든 중생들을 평등하게 구제해 주시고, 아무런 조건 없이 구제해 주시고 계신다는 사실을 믿어 의심치 않는 것을 아미타불의 구제를 믿고 받아들이는 것이라고 합니다. 이처럼 아미타불의 구제는 자발적이고 평등하며 조건이 없으십니다.

아미타불께서는 5겁의 사유를 통하여 널리 48대원을 세우시고, 또 한량없는 세월(兆載永劫) 동안 보살의 덕행을 쌓고 심으셨습니다. 한량없는 세월 전에 아미타불께서는 이미 우리들을 위해 발원을 하셨고, 우리들을 위해 수행을 시작하셨습니다.

그 시절에 우리들은 육도를 윤회하면서 삼악도에 빠져 머리를 잠깐 내밀었다가 다시 빠지곤 하였습니다. 그때에 아미타불께서는 자발적으로 우리와 같이 어리석고 괴로우며, 죄업을 지어 끊임없이 윤회를 하고 있는 중생들을 위하여 발원을 하신 것입니다.

우리가 아미타불께 부탁을 했거나 합장하며 그분께 구걸을 한 것이 아니라, 부처님께서 자발적(주동적)으로 우리들을 구제하겠다는 발원을 하신 것입니다.

모자의 비유(母子喩)

부모가 아기를 낳고 나면 자연히 마음속으로부터 우러나서 그 아기를 사랑하고 키우고 교육을 시키게 되는데, 이것은 이 갓난아기가 부모에게 합장을 하며 부탁을 한 것인가요? 그렇지 않습니다.

부모가 자식을 사랑하고 보육하고 키우는 것은 일종의 천성입니다. 천성은 꾸밈이 없고 배양할 필요도 없으며, 자연스럽게 선천적으로 그러한 것입니다.

그러므로 부모로서는 억지로 강요할 필요 없이 자연히 자식을 아끼고 사랑할 뿐만 아니라, 심지어는 자신을 희생해서라도 자녀들이 안전하도록 보호를 해줄 것입니다.

우리들의 부모님은 탐·진·치 삼독이 있는 업력 범부임에도 불구하고 이 정도까지 해줄 수 있는데, 하물며 부처님이시겠습니까?

그분께서는 우리와 같은 시방세계 중생들을 위하여 자발적으로 평등하면서도 조건 없이 우리들을 구제해 주시겠다고 발원을 하셨습니다.

부처님께서 우리 범부들처럼 차별적인 관념이 있으시겠습니까? 전혀 없으십니다! 부처님께서는 이른바 아견我見, 인견人見, 중생견衆生見, 수자견壽者見이 없으시니, 곧 아상我相, 인상인상人相, 중생상衆生相, 수자상壽者相[21]이 없으십니다. 또한 원수와 친족에게 평등하시고 나와 남(自他)이 하나인 분으로서, 이런 분이라야 비로소 부처님이라고 부를 수 있습니다.

부처님은 상대적인 관념 속에 계시지 않으므로 성인과 범부, 선인과 악인, 재가자와 출가자라는 차별적인 관념이 없으시니, 이런 분이 바로 부처님이십니다.

만약 아직도 이런 차별된 관념을 갖고 있다면 여전히 범부일 뿐, 부처님이라고 할 수는 없겠지요.

나의 나라에 태어나고자 한다면(欲生我國)

'욕생아국欲生我國'이란 이 네 글자는 부처님께서 발원하시는 입장에 서서 말씀하신 것입니다.

아미타불께서 발원하신 목적은 시방세계 중생들을 불러서

---

21 아상我相, 인상人相, 중생상衆生相, 수자상壽者相은 중생이 집착하는 네 가지 잘못된 견해인 사상四相을 말한다. 아상은 '나'가 실체로 있고 '나의 소유'가 있다고 집착하는 견해, 인상은 인간은 축생 등과 다르다고 집착하는 견해, 중생상은 나는 5온법으로 말미암아 생긴 것이라고 집착하는 견해, 수자상은 나는 일정한 기간의 목숨이 있다고 집착하는 견해. 아견我見, 인견人見, 중생견衆生見, 수자견壽者見도 비슷한 의미로 사견四見이라 한다.

구제하시려는 데 있습니다. 그러므로 아미타불께서는 우리에게 이렇게 말씀하십니다.

'너희들은 나의 극락세계로 오너라!
너희들은 어서 나의 극락세계로 오너라!
너희들이 오고 나면, 다시는 윤회를 하고 죄업을 지으며 괴로움과 어려움을 겪지 않을 뿐더러, 영원히 늙지 않고 병들지 않으며 영원히 죽지도 않느니라. 여섯 가지 신통력을 구족할 뿐만 아니라 신속히 부처님의 과위(佛果)를 증득할 수 있느니라.'

아비지옥 고통받는 중생 남김없이 제도하리라

『장엄경』(불설대승무량수장엄경佛說大乘無量壽莊嚴經)에서 아미타불께서는 시방세계 중생을 부르시면서 다음과 같이 말씀하셨습니다.

"윤회하는 중생들이여!
속히 나의 나라에 태어나 안락을 누려라.
항상 자비로운 마음으로 유정들을 건져
아비지옥의 고통받는 중생 남김없이 제도하리라."

(輪廻諸趣衆生類 速生我刹受安樂
常運慈心拔有情 度盡阿鼻苦衆生)

이것이 바로 아미타불께서 "나의 나라에 태어나고자" 발원하라며 외쳐 부르신 내용입니다. 육도에 윤회하고 삼악도에 빠져 있는 모든 중생에게
"어서 빨리 나의 나라에 태어나 안락을 누려라. 빨리 극락세계에 왕생하여라. 이곳이 너희들의 편안하고 즐거운 집이니라."
그렇지 않다면,
"삼계가 편안하지 않기를 마치 불타는 집과도 같아 온갖 괴로움으로 가득 차 있으니, 매우 두렵고 무서우니라."
라고 외쳐 부르신 것입니다.

"항상 자비로운 마음으로 유정들을 건져 아비지옥의 고통받는 중생 남김없이 제도하리라"에서, 아비지옥의 중생은 세간에서 죄업이 가장 무거운 중생입니다. 그들이 지은 죄업이 모든 죄업 가운데서 가장 무겁다는 것이지요.
아미타불께서는 항상 중생들을 극락세계로 부르고 계시며, 영원히 평등하고도 조건 없는 자비심으로 아비지옥의 중생을 포함한 모든 중생들을 구제해 주시는데, 그들이 극락왕생을 발원하기만을 기다리고 계십니다.

단지 극락에 왕생하려는 발원만 하면 극락세계에 왕생할 수 있으므로 "항상 자비로운 마음으로 유정들을 건져 아비지옥의 고통받는 중생 남김없이 제도하리라"라고 말씀하신 것입니다.

이것이 바로 아미타불께서 "욕생아국欲生我國", 즉 "나의 나라에 태어나기를 발원하라"는, 자비심을 바탕으로 한 구제입니다.

내지 열 번만이라도(乃至十念)

이어서 아미타불께서는 "내지십념乃至十念"을 말씀하셨습니다. 이 '내지십념'은 염불을 하는 데 있어 최소한의 기준이어서, 이것보다 더 적을 수는 없다는 것이지요. 거의 아무런 조건이 없으며 넘어야 할 문턱이 없어서 모든 사람들이 다 실천할 수 있고, 모두에게 다 희망이 있습니다.

'내지십념'이란, 곧 일생 동안 불법을 배우고 염불수행을 하지 않았을지라도 임종할 무렵 짧은 시간 동안 겨우 열 번 나무아미타불을 불러도 역시 극락에 왕생할 수 있다는 말로서, 지금부터 극락왕생 발원을 하고, 지금부터 염불수행을 한다면 전부 왕생을 할 수 있다는 뜻입니다.

그래서 '내지십념'은 염불하는 모든 중생들을 포함시키며 어떠한 사람도 염불만 하면 전부 반드시 왕생할 수 있음을 나타냅니다. 따라서 '내지십념'이란 곧 "평생의 근기는 위로 목숨이 다할 때까지, 임종의 근기는 아래로 열 번 내지 한 번까지"의 염불을 말합니다.

'내지십념'이라 할 때의 '십념'이란 이 사람이 곧 임종할 사람으로서 평소에 불법을 배우거나 염불하거나 선행을 실천하거나 덕을 쌓은 적이 없을 뿐더러, 심지어는 삼귀의[22]조차도 하지 않은 사람이라는 것입니다. 그런데 이러한 사람들도 많아봐야 겨우 열 번 정도의 염불을 하였음에도 불구하고 왕생을 할 수 있다는 것입니다. 그런데 우리가 아무리 어리석고 졸렬하다 하더라도 지금까지 염불을 열 번 이상은 했을 것입니다. 따라서 그런 사람들도 왕생을 할 수 있는데, 하물며 우리들이 어찌 왕생할 수 없겠습니까!

아미타불께서는 이것(내지십념)을 기준으로, 다만 왕생을 발원하고 칭명염불을 한다면 어떤 사람들도 모두 이 기준에 도달할 수 있으며, 어떠한 사람도 왕생할 수 있음을 분명하게 밝

---

22 삼귀의三歸依: 세 가지, 곧 부처님(佛)·부처님이 가르치신 진리(法)·부처님을 따르는 승가(僧)에 귀의하는 것을 말한다. 불교신자가 되는 기본조건은 이 불법승에 귀의하는 삼귀의이다. 위의 법문 말씀은 불교신자가 아니라 해도 극락왕생을 원하면서 나무아미타불을 열 번만 부르면 극락왕생할 수 있다는 말이다.

히고 계십니다.

만약 왕생하지 못한다면 부처가 되지 않겠다

아미타불께서는 중생을 구제하시는 데 있어 아무런 조건이 없으십니다. 부처님께서는 내지십념, 즉 우리가 다만 오로지 당신의 명호를 부르기만 하면 된다고 하시고, 그 다음에 "만약 왕생하지 못한다면 부처가 되지 않겠다"고 말씀하셨습니다.

우리가 만약에 가르침대로 했음에도 불구하고 왕생을 할 수 없다면 당신께서는 부처가 되지 않겠으며, 반드시 수행을 계속 더 해서 우리가 왕생할 수 있도록 공덕을 쌓아야만 성불을 하시겠다는 것입니다.

따라서 제18원에 의지하는 염불 중생들은 아미타불과 직접적이면서 밀접한 관계이며, 심지어 한 몸이어서 나눌 수 없는 불가분의 관계입니다.

"약불생자 불취정각(若不生者, 不取正覺: 만약 왕생하지 못한다면 부처가 되지 않겠다)"이란 이 두 구절 여덟 글자의 뜻은 매우 깊고 심오합니다. 그것은 다음과 같은 의미를 포함하고 있습니다.

"너희가 왕생을 할 수 없다면 나는 성불하지 않겠다."

"나는 너희들이 반드시 왕생할 수 있을 때에야 비로소 성불하겠다."

"내가 없으면 너희들은 왕생할 수 없겠지만, 만약 내가 있다면 너희들은 반드시 왕생할 수 있다."

아미타불께서는 정각正覺을 이룬 부처님의 몸을 담보로 시방세계의 모든 죄악 중생들을 구하여 육도윤회에서 벗어나 극락왕생하여 성불할 수 있도록 해주시겠다고 하십니다.

이 여덟 글자 속에는 이러한 뜻이 담겨져 있으니, 어찌 아미타불의 성불과 우리들의 왕생이 서로 한데 묶여 있는 것이 아니겠습니까?

'한데 묶여 있다'는 것은 한 몸이 되어 분리될 수 없다는 말로서, 만약 우리들의 왕생이 없다면 아미타불께서 있을 수 없고, 아미타불께서 없으시다면 우리들의 왕생 역시 없다는 뜻입니다.

바른 깨달음을 이룬 부처님의 명호(正覺佛名)

그렇다면 이 "내지십념"이란 대체 무엇을 염송한다는 것일까요? 바로 아미타불이라는 정각을 이룬 부처님의 명호를 염(부르는 것)하는 것입니다.

아미타불께서는 당신이 성취하신 정각의 부처님 명호로써 중생들을 구제하시므로, 이 부처님의 명호를 중생들에게 부르도록 하셨습니다. 시방삼세의 모든 부처님의 공덕이 모조리 다 이 나무아미타불이라는 육자명호 속에 갖추어져 있으므로, 시방세계 중생들이 나무아미타불만 부르면(칭명염불) 반드시 왕생할 수가 있다는 것입니다.

아미타불께서는 만약 이러한 공덕이 있는 명호를 성취하지 못한다면 당신은 성불을 하지 않겠다고 말씀하셨습니다. 만약 아미타불께서 성불을 못하신다면 이 부처님의 명호 역시 있을 수 없습니다. 따라서 반드시 이 명호가 있어서 칭명염불을 하는 모든 중생들이 왕생할 수 있어야 비로소 성불을 하시겠다는 말씀입니다.

그러니 "약불생자, 불취정각"이라는 이 여덟 글자는 우리들과의 관계가 매우 중대하고 매우 밀접한 것입니다.

물론 제18원의 문장 하나하나의 내용마다 우리들에게는 하나라도 빠져서는 안 되겠지만, 이 여덟 글자에 담긴 뜻은 특별히 깊고도 큽니다.

제18원 속에서 우리와 아미타불, 아미타불과 우리는 영원히 함께 결합되어 있는 것입니다. 그러므로 제18원이 성취되어야만 아미타불과 우리의 모든 원력이 성취되고, 제18원이 성취되지 않으면 모든 원력이 성취될 수가 없습니다.

제17원

18원과 17원은 서로 연관이 있습니다. 18원의 "내지십념"은 아미타불의 명호를 부르는 것으로서, 이 한 마디 명호는 우리가 제17원으로부터 들은 것입니다.

제17원에서 아미타불께서는 이렇게 말씀하셨습니다.

"만약 내가 부처가 될 적에, 시방세계의 한량없는 부처님들이 모두 나의 이름을 찬탄하지 않는다면 부처가 되지 않겠습니다(設我得佛 十方世界 無量諸佛 不悉咨嗟 稱我名者 不取正覺)."

다시 말하면, 아미타불께서는 시방세계의 모든 부처님들이 전부 당신 명호의 위신력과 공덕을 찬탄하고 당신 명호의 불가사의함을 찬탄하도록 원력을 세우신 것입니다.

이처럼 찬탄을 함으로써 시방세계의 중생들이, 공덕이 광대하고 무량무변하며 불가사의한 이 한 구절 아미타불의 명호를 들을 수 있도록 하신 것입니다. 그래서 제17원의 뒤에 바로 제

18원이 있는 것입니다.

사실상 제17원과 제18원의 두 원은 하나입니다. 왜냐하면 18원의 '내지십념'은 17원에서 모든 부처님이 선양하고 찬탄하시는 이 한 구절 아미타불의 명호를 부르는 것이기 때문입니다.

제17원이 있었기에 석가모니부처님께서 이 세상에 출현하시어, 아미타불의 이 명호로써 중생들을 구제할 수 있는 공덕력功德力을 설할 수 있었던 것입니다.

또 석가모니부처님께서 이 정토법문을 설하시면서 아미타불의 명호에 담긴 무량무변하고도 불가사의한 공덕을 찬탄하셨기 때문에 우리가 비로소 부처님의 명호를 듣게 되었고, 비로소 오로지 이 한 구절 나무아미타불을 부르면서 다른 잡수잡행(雜修雜行: 한결같이 나무아미타불을 부르는 염불 외에 다른 수행을 하는 것)을 하지 않을 수 있게 된 것입니다.

명호 속에 모든 공덕이 들어 있다(名號具萬德)

제17원에서 모든 부처님이 찬탄하신 아미타불 명호의 공덕은 다른 모든 공덕을 초월하기 때문에 아미타불의 명호를 만덕홍명萬德洪名이라고도 부릅니다.

따라서 이 명호의 공덕은 오계五戒의 공덕을 초월하고 십선

十善의 공덕도 초월하며, 육도만행(육바라밀)의 공덕을 초월하고, 모든 중생이 보리심을 내어 온갖 공덕을 닦는 공덕 또한 초월합니다.

그래서 아미타불 명호의 공덕을 듣고 우리는 감동을 하게 되고, 그런 다음에 이 한 구절 나무아미타불 속에 들어 있는 무량무변하고 불가사의한 공덕을 믿을 수 있으며, 이로 인해 한결같은 마음으로 오로지 이 한 구절 아미타불의 명호를 부를 수 있게 된 것입니다.

이처럼 아미타불의 명호에는 모든 공덕이 들어 있으며, 이러한 공덕은 또한 왕생의 바른 원인(正因)이기도 합니다.

극락세계에 왕생할 수 있는 자량은 이 명호 속에 전부 들어 있어서 조금도 부족하지가 않습니다.

왕생이든 성불이든 이 한 구절 아미타불의 명호 속에 전부 갖춰져 있다는 것입니다. 그래서 우리가 이 명호의 공덕을 듣고 나서 오로지 나무아미타불이란 이 명호를 부를 수 있는 것입니다.

왕생과 성불, 중생과 부처는 하나다

동시에 아미타불께서는 만약 중생들이 칭명염불을 하여 왕생할 수 있도록 이 명호를 완성하지 못한다면 성불하지 않겠다고 말씀하셨으므로, 아미타불과 우리는 서로 한데 묶여 있다고 말할 수 있습니다.

그래서 이것을 "왕생과 성불, 중생과 부처는 곧 하나다(往生正覺, 機法一體)"라고 말하는 것입니다. 우리 중생들의 왕생과 아미타불의 정각(성불)은 한데 묶여 있습니다. 우리들의 왕생이 없다면 아미타불의 성불이 있을 수 없고, 아미타불의 성불이 없다면 우리의 왕생 역시 없다는 것입니다.

물론, 여기에서 아미타불께서는 우리가 자력수행을 통하여 능히 왕생할 수 있는 단계에 도달해야 성불을 하시겠다는 것이 아니라, 우리들을 위하여 왕생의 공덕을 완성시켜 주시겠다는 것입니다.

이것이 제18원입니다.

친연

따라서 제18원의 염불 중생은 아미타불과 직접적인 관계가 있습니다. 이 관계를 정토종의 조사이신 선도대사님은 '친연親緣'으로 해석하셨습니다.

마흔여덟 크신 서원
오직 염불이 가장 친함을 나타내니,

사람이 염불하면 부처님 또한 이 사람 염하시고
오직 마음으로 부처님 생각하면 부처님도 이 사람 아시니라.
(弘誓多門四十八 偏標念佛最爲親

人能念佛佛還念 專心想佛佛知人.)

"마흔여덟 크신 서원"은 아미타불께서 시방세계 중생들을 구제하는 크고도 넓은 서원이 48가지가 있음을 나타내고, 그 중에 "오직 염불이 가장 친함을 나타냄(偏標念佛最爲親)"에서 '편偏'은 '오직(專)'이란 뜻인데, 곧 유일唯一하여 둘도 없고, 전일專一하여 잡다하지 않다는 것입니다.

오직 제18 염불왕생원이야말로 아미타불과의 관계가 친하여 소원하지 않고 가까워서 멀지가 않습니다. 기타 두 원인 19원과 20원은 아미타불과의 관계가 친하지도 가깝지도 않습니다.

따라서 오직 제18원만이 친한 관계이므로 '오직 (친함을) 나타냄(偏標)'이라고 하신 것입니다.

'친'자의 해석(親字解)

우리 염불하는 중생들과 아미타불의 관계는 얼마나 친할까요? 이를 위해 먼저 '친親'자에 대하여 알아봅시다.

중국의 한문은 제멋대로 만들어진 것이 아니라 전부 그 자체의 내용이 있습니다. 단지 외관적으로 예술적 가치가 있을 뿐만 아니라 적절한 내면의 뜻도 가지고 있지요.

이 '친親'자는 '설 립立'자와 '나무 목木'자와 '볼 견見'자로 구성되었는데, 높은 나무 위에 서서 사방을 향해 멀리 바라본다는 뜻이 담겨 있습니다.

교통수단이 편리하지 않았던 옛날에는 차량이나 전화 핸드폰 등이 없었습니다. 그래서 가족들이 밖에서 일을 하거나, 혹은 자신의 어린아이가 밖에서 놀다가 저녁이 되었거나 비가 올 때, 애지중지하던 자식이 집으로 돌아오고 있는지 얼른 나무 위에 올라가서 저 멀리 바라봅니다. 이것이 바로 '친親'입니다.

세간의 '친'(世間親)

우리와 아미타불의 '친'은 한 몸이어서 불가분의 '친'입니다. 우리 세간의 친에는 일등 친(일촌), 이등 친(이촌), 삼등 친(삼촌) 등이 있습니다. 부모와 자식은 일등 친(일촌관계)이며, 이등의 친과 삼등의 친은 일등의 친으로부터 파생된 것입니다.

예를 들면 큰아버지와 삼촌, 고모와 이모 등은 일등의 친이 있기 때문에 이등의 친과 삼등의 친이 있는 것이지, 만약 부모님의 형제자매가 없다면 어떻게 그분들을 큰아버지, 삼촌, 고모, 이모라고 부를 수 있겠습니까?

이러한 친 가운데 부모와 자식 간의 관계가 가장 친합니다. 이 친은 선천적인 것으로 누구도 대신할 수가 없습니다. 자식은 부모가 낳았기 때문에, 부모가 없으면 자식 역시 없습니다. 자식은 아버지의 정자와 어머니의 난자가 만났을 때에 자신의 신식(神識: 영혼)이 입태入胎를 해서 생겨난 것입니다. 따라서 자신의 영혼 외에도 부모의 정혈精血이 있어야 자신이 존재하게 되는 것입니다.

자식의 몸에서 흐르는 피는 부모의 피지 큰아버지, 또는 삼촌의 피가 아니며, 외부 사람들의 피는 더욱이 아닙니다. 이 친은 선천적이면서 자연스런 친입니다.

그의 몸은 부모로부터 유전자와 정혈을 물려받았으므로 외부 사람들이 제아무리 친하다 할지라도 친생親生의 관계는 아닙니다. 따라서 이 부분의 관계는 선천적이고 천륜天倫이며 자연스러운 것입니다.

아미타불과의 친(彌陀親)

이처럼 아미타불과 우리들과의 친한 관계는 시방세계의 모든 부처님들을 초월합니다. 왜냐하면 시방의 다른 부처님들은 우리들을 위해 '만약 왕생하지 못한다면 부처가 되지 않겠다'는 원력을 세우지 않으셨지만, 오직 아미타불께서만은 우리들을 위해 "만약 왕생하지 못한다면 부처가 되지 않겠다"라는 발원을 하셨기 때문입니다.

아미타불께서는 "너희들이 왕생할 수 없다면 나는 성불을 하지 않겠다"라고 말씀하셨는데, 이 말은 곧 '너희들의 왕생이 곧 나의 성불이고 나의 성불이 곧 너희들의 왕생'이라는 의미입니다.

그래서 이 관계를 선도대사님께서는 "오직 염불이 가장 친함을 나타낸다(偏標念佛最爲親)"라고 말씀하신 것입니다.

아미타불과 제불(彌陀與諸佛)

시방세계의 제불은 모두 부처님이시며, 모두 대자대비하십니다. 이른바 "염불을 한 번 하면 항하사 모래와 같은 죄업이 소멸되고, 부처님께 한 번 예배하면 한량없는 복이 자라난다"는 말이 있듯이, 이 모두는 업장을 소멸하고 복과 지혜가 자라나게 할 수 있습니다.

그러나 시방제불 중에 어느 부처님께서 극락세계를 지어 우리들에게 주셨습니까? 아미타부처님 이 외엔 없습니다!

우리가 시방제불의 명호를 부른다면 삼계육도를 벗어나서

신속하게 성불을 할 수 있을까요? 없습니다!

시방제불 가운데 "만약 왕생하지 못한다면 나는 성불을 하지 않겠다"는 원력을 세우신 부처님이 계시는가요? 없습니다!

시방제불 중에 오직 아미타불만이 우리들을 위하여 48대원을 세우셨으며, 그 중 제18원에서 "만약 왕생하지 못한다면 나는 성불을 하지 않겠다"라고 말씀하셨습니다.

우리가 왕생을 할 수 있는 이유는, 아미타불께서 바른 깨달음을 얻어 성불을 하신 공덕에 있습니다. 부처님의 공덕이 우리들의 공덕이 됨은, 마치 부모님의 정자와 난자가 우리의 몸이 되는 것과 같습니다. 따라서 아미타불의 공덕이 곧 우리의 공덕이고, 아미타불의 재산이 곧 우리들의 재산인 셈입니다.

아미타불께 무엇이 있으면 우리에게도 무엇이 있는 것이니, 이는 마치 아버지에게 무엇이 있으면 아들에게도 무엇이 있어서 아버지의 재산이 곧 아들의 재산인 것과도 같습니다.

아미타불께서는 시방제불을 초월하는 원력이 있으시기 때문에 널리 시방세계 중생들을 구제할 수 있으십니다. 그래서 시방제불이 한결같이 이구동성으로 찬탄을 하시고, 아울러 시방세계 중생들이 아미타불의 구제를 믿고 받아들이며, 아미타불의 극락정토에 왕생하기를 발원하고 오로지 아미타불의 명호를 부를 것을 권유하신 것입니다.

염불이 원인이고, 왕생은 결과다(念佛是因, 往生是果)

따라서 우리가 염불만 하면 반드시 왕생을 할 수 있다는 것은 너무도 당연한 일입니다. 염불이 원인이고 왕생은 결과이니, 이와 같은 원인은 반드시 이와 같은 결과를 얻을 수 있습니다. 우리가 염불을 했음에도 왕생을 하지 못한다면 원인은 있지만 결과가 없다는 것인데, 이것은 불가능합니다. 절대로 불가능한 일입니다.

이러한 이치를 아는 사람들이 정토법문을 닦는다면 오로지 아미타불의 명호를 부를 것이지, 잡수잡행雜修雜行을 하지 않을 것입니다.

왜냐하면 그 사람은 이렇게 전수염불을 하면 자신에게 왕생의 몫이 있어 반드시 왕생할 수 있음을 알기 때문입니다. 이러한 사상이 바로 순수하고도 바른 정토법문의 교리 사상입니다.

정정업

선도대사께서는 염불이 곧 '정정업正定業'이라고 다음과 같이 말씀하셨습니다.

한결같은 마음(일심)으로 오로지 아미타불의 명호를 부르되, 가고 머물고 앉고 누움에 시간의 길고 짧음을 따지지 않고 염념마다 (명호를) 버리지 않는 것을 정정의 업(正定業)이라 부르나니, 저 부처님의 원력에 순응한 까닭이다.
(一心專念彌陀名號 行住坐臥 不問時節久近 念念不捨者 是名正定之業 順彼佛願故.)

염불이 바로 '정정업'입니다. '정정正定'은 '부정不定', '사정邪定'과 서로 대조적인 관계로서, 정정이란 곧 백퍼센트 이러한 원인이 있으면 반드시 이러한 결과가 있다는 것이며, 이것을 '정정'이라고 부릅니다.

부정과 사정

그럼 무엇이 '부정不定'일까요? 원인이 뒤섞여 있으므로 그 사람은 이 결과(왕생)를 얻을 수도 있고, 얻지 못할 수도 있다는 것입니다. 이것을 '부정'이라고 부릅니다.

'사정邪定'이란 이 사람에게 전혀 원인이 없으므로 이러한 결과를 얻을 수 없다는 표현으로, 이것을 '사정'이라 부릅니다. 여기서 '사邪'는 사악하다는 의미의 사가 아니라 피차간에 아무런 인과관계가 없음을 나타냅니다.

염불이 바로 정정업이다

정토법문으로 말한다면 제18원인 염불왕생원이 곧 '정정업'입니다. 그런 까닭에 선도대사께서 '정정업'이라고 말씀하신 것입니다.

그런데 만약 여러분이 정토수행을 하지만 오로지 아미타불의 명호를 부르지 않고, 오로지 아미타불의 원력을 의지하지 않으며, 잡수잡행을 한다면 이것은 '정정업'이라 할 수 없습니다.

만약 다른 법문을 닦는 사람들이 정토법문을 닦지 않고 극락세계 왕생을 발원하지 않았다면, 정토왕생의 입장에서는 이것을 '사정업邪定業'이라 말합니다. 왜냐하면 이 법문과는 아무런 관련이 없기 때문입니다. 그래서 선도대사님께서는 염불이 곧 '정정업'이라고 말씀하신 것입니다.

제19원

이제 계속해서 제19원을 해석하겠습니다.

"만약 내가 부처가 될 적에, 시방세계의 중생들이 보리심을 일으켜 온갖 공덕을 닦고 지극한 마음으로 나의 나라에 태어나고자 발원을 하였는데도, 그들이 임종할 때에 내가 대중들에게 들러싸여 그 사람 앞에 나타날 수 없다면 부처가 되지 않겠습니다."
(設我得佛 十方衆生 發菩提心 修諸功德 至心發願欲生我國 臨壽終時 假令不與大衆圍繞現其人前者 不取正覺.)

온갖 공덕을 닦음

'온갖 공덕(諸功德)'이라 할 때, '온갖(諸)'은 매우 많다는 뜻입니다. 이 '온갖 공덕'은 육도만행六度萬行이라고 할 수 있습니다. 오계·십선·사성제·십이연기·육바라밀 등의 모든 법문의 수행과 모든 선업善業의 실천을 포함한 전부를 '온갖 공덕을 닦음(修諸功德)'이라 할 수 있습니다. 그래서 온갖 공덕을 '만행萬行' 혹은 '제행諸行'이라고도 부릅니다.

하지만 아미타불 극락정토의 입장(순수정토의 입장)에서 말하면, 온갖 공덕을 닦아 회향하여 왕생하는 것을 선도대사께서는 '잡행(雜行: 여러 가지가 섞인 수행)'이라고 말씀하셨습니다. 왜냐하면 (온갖 공덕이) 너무 많고 뒤섞여 있어 순수하지도 않고 한결같지도 않기 때문입니다.

온갖 공덕을 닦는 것은 불교도들의 기본적인 실천덕목입니다. 다만 아미타불의 정토법문에 있어서는 온갖 공덕을 지어 이것을 회향함으로써 왕생하는 조건으로 삼았기 때문에 '잡행'이라고 부르는 것입니다.

그러나 만약 오로지 아미타불의 명호만을 의지하고, 오로지 아미타불의 구제에 전적으로 의지한다면 온갖 공덕을 닦더라도 잡행이라고 할 수 없습니다. 왜냐하면 자신이 닦은 온갖 공덕에 의지하여(공덕을 회향하여) 왕생하는 것이 아니라, 전적으로 아미타불 명호의 공덕에 의지하여 왕생하기 때문입니다.

아미타불께서 이 제19원을 세우신 것은 주로 온갖 공덕을 닦는 근기를 가진 중생을 접인하시기 위해서입니다.

왜냐하면 모든 근기들이 전부 곧바로 제18원으로 들어올 수 없기 때문에 아미타불께서 이러한 근기를 가진 중생에게 "네가 닦은 모든 공덕을 극락세계에 왕생하는 데 회향하기만 하면 나는 네가 목숨을 마치려 할 때 대중을 거느리고 너의 앞에 몸을 나투어 너를 영접해 주겠노라"고 말씀하신 것입니다. 이것이 바로 제19원입니다.

이 제19원은, 첫째로 오로지 아미타불의 명호를 부르는 것이 아니고, 둘째로 '만약 왕생하지 못한다면 부처가 되지 않겠다'는 것도 아닙니다.

두 원의 차이(兩願差別)

제19원과 제18원은 동일한 것이 아닙니다. 제18원은 오로지 나무아미타불을 부르고, 오로지 아미타불 한 부처님께만 의지합니다.

동시에 아미타불께서는 (제18원에서) "만약 왕생하지 못한다면 부처가 되지 않겠다"고 발원을 하셨기 때문에 염불하는 사람과 한데 묶여 있으며 일대 일의 관계입니다.

염불인의 왕생이 곧 아미타불의 성불이고, 아미타불의 성불이 곧 염불인의 왕생이라는 것입니다. 이처럼 왕생과 성불은 일대 일로 한데 묶여 있습니다.

제19원은 자신에게 의지하여 스스로 보리심을 일으키고 자신의 근기로 온갖 공덕을 닦습니다. 이러한 근기는, 성인의 근기든 범부의 근기든, 영리한 근기든 하열한 근기든, 각자 닦은 크고 작고 깊고 얕은 공덕을 회향하여 왕생하기를 원한다면 아미타불께서 오셔서 이 사람을 영접해 주신다는 것입니다. 그러므로 제19원과 아미타불은 기본적으로는 관계가 없다고 말할 수 있습니다. 다만 그 사람이 공덕을 회향하여 왕생하기를 발원하였기 때문에 아미타불께서 비로소 그 사람을 영접하러 오신 것입니다.

따라서 우리는 아미타불의 성불은 주로 제18원의 근기들을 위해 성취하신 것이라고 말할 수 있습니다. 그리고 성불을 하심과 동시에 간접적으로 오로지 아미타불만의 명호를 부르지 않고 오로지 아미타불만을 의지하지 않는 중생을 접인하시어, 그런 부류의 중생도 극락세계에 왕생할 수 있도록 해주신 것입니다. 그렇지 않으면 다른 법문을 닦는 중생은 왕생을 할 수가 없기 때문입니다.

따라서 19원과 18원은 하늘과 땅만큼 차이가 난다고 말할 수 있습니다. 왜냐하면 하나(18원)는 아미타불과 불가분의 관계로서 아미타불은 이러한 중생을 위하여 성불을 하신 것이고, 다른 하나(19원)는 아미타불과 분리가 되어 있어서 본래는 직접적인 관계가 없지만, 왕생발원을 함으로써 아미타불께서 임종할 때에 오셔서 이 사람을 영접하시기 때문입니다.

위없이 큰 이익

동시에 제18원은 제17원으로부터 직접 나온 것으로서, 시방 제불이 이 명호의 불가사의한 공덕을 찬탄함을 들어서 나온 것입니다.

그런데 제19원은 그렇지가 않습니다. 각자 자신의 근기에 따라 닦은 공덕이기 때문에, 그들이 닦은 공덕과 아미타불의 이 명호의 공덕은 완전히 다를 수밖에 없습니다.

아미타불의 공덕은 부처님의 공덕이고 무루無漏의 공덕입니다. 경전에서는 아미타불의 이 명호를 "무량무변하고 불가사의한 공덕의 명호"라고 하였습니다.

그리고 『무량수경』(하권)에서는 제18원의 염불공덕을 드러내면서 다음과 같이 말하였습니다.

"저 부처님의 명호를 듣고 뛸 듯이 기뻐하거나 내지는 한 번만이라도 염송한다면, 이 사람은 큰 이익을 얻고 위없는 공덕을 구족하게 됨을 마땅히 알아라."
(歡喜踊躍 乃至一念 當知此人 爲得大利 則是具足 無上功德.)

따라서 염불은 위없는 큰 이익(無上大利)이고 위없는 공덕입니다.

우리는 우리 같은 범부들이 스스로 일으킨 보리심은 대부분이 거짓된 것임을 알아야 합니다. 이런 보리심과 아미타불의 진실하고도 불가사의한 공덕을 서로 비교한다면 비교가 되지 않습니다. 아미타불의 이 명호 공덕은 출세간법이고, 진실한 공덕이며, 불가사의한 무량무변의 공덕입니다.

우리가 닦을 수 있는 공덕은 많아 봐야 오계, 십선의 공덕입니다. 이로부터 여기서 말하는 보리심을 일으키고, 온갖 공덕을 닦으며, 내지는 여러 법문을 아울러 함께 닦고, 여러 법문을 함께 선양하더라도 모두가 다 이 명호와는 비교할 수 없음을 알 수 있습니다.

그러므로 오로지 아미타불의 명호를 부르기만 해도 보리심을 일으키고 온갖 공덕을 닦는 공덕을 훨씬 뛰어넘게 되는 것입니다.

제18원의 성취문(十八願成就文)

그런 까닭에 제18원의 성취문(『무량수경』 하권 첫머리)에서 이렇게 말씀하셨습니다.

"모든 중생들은 그 명호를 듣고 신심을 내어 기뻐하거나, 혹은 한 생각만이라도 지극한 마음으로 회향하여 극락국토에 태어나기를 발원한다면 즉시 왕생하여 불퇴전에 머물게 될 것입니다. 오직 오역죄를 지었거나 정법을 비방한 자는 제외됩니다."

(諸有衆生 聞其名號 信心歡喜 乃至一念 至心迴向 願生彼國 卽得往生 住不退轉 唯除五逆 誹謗正法.)

제18원의 성취문은 바로 제18원에 대한 해석입니다. 아미타불께서 이미 성불을 하셨기 때문에 제18원의 기능이 이미 드러나서 자체의 역량力量이 있다는 것입니다.

그러므로 제18원의 가르침을 따르기만 하면 이와 같은 과보를 얻을 수 있다는 것이니, 이것이 곧 제18원의 성취문입니다. 제18원의 성취문 바로 앞에는 제17원의 성취문이 있습니다.

"시방세계의 한량없는 모든 부처님들도 모두 무량수불의 불가사의한 위신력과 공덕을 찬탄하느니라."

이어서 바로 제18원의 성취문인데, 중생이 시방제불께서 찬탄하시는 불가사의한 위신력과 공덕을 구족한 이 한 구절 명호를 들은 다음에, 내지 일념만이라도 부처님을 의지한다면 마땅히 이 사람은 '즉시 왕생하여 불퇴전에 머물게 될 것임'을 알아야 한다는 것입니다.

불퇴전

이 사람은 바로 극락세계에 왕생하여 퇴전(물러남)을 하지 않습니다. 불퇴전不退轉에는 세 가지가 있는데, 여기서의 불퇴전이란 성불의 경지에서 퇴전하지 않는다는 뜻으로, 극락세계에 왕생하면 즉시 불퇴전에 이르며 또한 바로 일생보처가 된다는 것입니다.

그래서 『아미타경』에서 말하길 "극락세계에 태어난 중생들은 전부 아비발치(불퇴전)이며, 그 가운데는 수많은 일생보처가 있느니라"고 한 것입니다. 일생보처란 바로 등각보살을 의미하는데, 성불을 기다리는 그런 지위를 말합니다.

태자의 비유(太子喩)

이것은 마치 태자가 천자의 자리에 올라서 황제가 되기를 기다리는 것과 같습니다. 천자의 자리에 오르기 전에는 동궁에서 거처하면서 태자라고 불립니다.

황제가 만약 자리에서 물러난다면 그는 천자의 자리에 오르게 됩니다. 그러므로 태자는 국왕의 자격은 있지만 때를 기다리고 있어야 합니다.

이렇듯 우리가 극락세계에 왕생하면 전부 성불의 자격이 주어집니다. 그러나 극락세계에는 아직 아미타불이 부처님으로 계십니다. 아미타불은 무량수이므로 우리가 극락세계에 왕생하여 비록 아미타불과 똑같은 무량광 무량수이지만, 그래도 한 단계 내려와서 관세음보살, 대세지보살과 같은 일생보처의 보살로 불리게 됩니다.

흰 연꽃의 비유(芬陀利花喩)

그래서 『관무량수경』에서는 염불하는 사람들을 이렇게 묘사하며 찬탄하였습니다.

"만약 염불하는 사람이 있으면, 이 사람은 사람 중의 흰 연꽃(분다라화)과도 같으며, 관세음보살과 대세지보살이 그 사람의 훌륭한 벗이 됨을 마땅히 알아야 하느니라."

염불하는 사람은 바로 사람 가운데 흰 연꽃과도 같습니다. 이 흰 연꽃은 부처님의 대명사이며, 부처님이 바로 사람 가운데 흰 연꽃입니다.

우리 염불하는 사람들을 이미 흰 연꽃과도 같은 존재라고 찬탄한 것은, 염불하는 사람들은 반드시 왕생을 하게 되고, 또한 극락세계는 성불의 경지이므로 반드시 성불을 할 수 있다는 것입니다.

따라서 관세음보살과 대세지보살은 우리의 훌륭한 벗이 되는 것입니다.

훌륭한 벗의 해석(勝友解)

하지만 우리들은 아직도 탐·진·치 삼독을 구족한 범부라 여전히 감정이 남아 있고 성질을 부리기도 합니다. 매사에 불평 불만이 있어 한 번 화를 내면 마치 태풍이 불고 소나기가 내리는 것과도 같습니다.

그러나 우리가 단지 염불을 한다는 이유로 등각보살인 관세음보살님과 대세지보살님이 우리들의 친구가 되어 주시는데, 이는 우리가 염불하는 사람이기 때문입니다.

반대로 만약 우리가 오로지 염불에 의지하지 않고 잡수잡행을 한다면 상황은 완전히 달라질 것입니다. 그러므로 18원과 19원은 신분과 기능이 완전히 다릅니다. 이는 성취문을 보면 알 수 있습니다.

"모든 중생들은 그 명호를 듣고 신심을 내어 기뻐하거나, 혹은 한 생각만이라도 지극한 마음으로 회향하여 극락국토에 태어나기를 발원한다면 즉시 왕생하여 불퇴전에 머물게 될 것이니라."

이는 즉시에 왕생을 할 수 있는 신분을 갖추고 바로 불퇴전에 머물게 된다는 것입니다. 따라서 이 단락의 글은 제18원을 해석하는 것이지, 제19원에 대한 해석은 아닙니다.

제19원에서는 보리심을 일으키고 온갖 공덕을 닦는다고 했습니다. 그 사람이 비록 보리심을 일으키고 여러 가지 법문을 닦은 공덕을 회향하여 왕생을 한다지만, 사실상 그 사람의 공덕은 여전히 유루有漏여서 번뇌가 섞여 있습니다.

오로지 아미타불만을 의지하지 않았기 때문에 그 사람은 결코 '즉시 왕생하여 불퇴전에 머무른다'는 이러한 신분을 얻지 못합니다.

제3장
문답

믿음에 관하여

문
염불에는 여러 가지 이익이 있다고 했는데 무슨 증거가 있습니까?

답
저희가 편찬한 『염불감응록』 속에는 여러 가지 수승한 사례들이 있는데, 여러분이 한편으로는 염불의 이치에 대하여 공부를 하고, 다른 한편으로는 염불에 관한 감응사례들을 보며 서로 대조하면서 확인을 해본다면 믿음을 일으킬 수가 있을 것입니다.

사람마다 불성이 있고 불성 속에 지혜의 성품이 있기 때문에 책을 많이 읽다 보면 이치에 맞는지 맞지 않는지는 여러분들 스스로 사고하고 분별하여 판단할 수 있습니다.

만약 여러분이 교리도 모르고 이러한 사실의 증거도 모른다면 당연히 의문이 생길 것입니다. "진실로 그런 일이 있을까?" "아미타불을 친견한 사람들은 극소수일 뿐인데……"라고 말입니다. 그러나 우리가 보지 못했다고 해서 부처님이 존재하지 않는 것은 아닙니다. 단지 우리가 아직 인연이 닿지 않아서일 뿐이지, 언젠가는 친견하게 될 것입니다. 최소한 우리가 임종할 때가 되면 반드시 아미타불을 친견할 수가 있습니다.

지금 우리가 아직 부처님을 뵙지 못했지만 우선 『염불감응록』을 통하여 아미타불의 존재와 아미타불의 구제, 그리고 염불하는 사람들이 재난을 소멸한 사례들을 많이 보고 나면 자연히 믿음이 생기게 될 것입니다. 믿고 나서 다시는 의심하지 않는다면 이는 진정한 믿음입니다.

그런데 믿고 나서 여전히 의심이 남아 있다면 지금의 믿음은 진정한 믿음이라고 할 수 없습니다. 사실상 사람은 모두 번뇌가 있으므로 때로는 탐·진·치를 일으킬 수도 있습니다. 그래서 가끔씩 어떤 사람 또는 어떤 일에 대하여 어느 정도 의심을 품을 수도 있습니다.

만약에 아미타불의 구제에 대하여 일시적으로 완전히 이해하고 받아들이지 못하더라도 무방합니다. 스스로 우리들에게 두 번째 길이 없고, 오직 염불을 해야만 구제가 될 수 있다는 사실만 안다면 비록 어떻게 말로 표현할 수 없는 의심이 들더라도 크게 장애가 되지는 않습니다.

여러분이 설사 의심이 있더라도 자신의 마음속에 여전히 아미타불의 존재를 믿고 아미타불의 구제를 안다면, 여전히 계속해서 염불을 할 것입니다. 그렇다면 여전히 아미타불의 광명의 섭취 가운데 있으므로 임종 시에 아미타불께서 몸을 나투어 영접해 주시게 됩니다.

우리의 법문은 여러분이 알든 모르든, 믿든 믿지 않든 간에 염불만 하면 극락세계에 왕생할 수 있는 법문입니다.

그래서 선도대사께서는 "중생들이 칭명을 하면 반드시 왕생한다"라고 말씀하신 것입니다. 그렇지만 원점으로 돌아와서 만약 여러분이 전혀 이해를 못하고 전혀 믿을 수 없다면 전수염불을 한다는 자체가 불가능하겠지요.

그러므로 우리는 이해를 하고 믿음을 일으켜야 전수염불을 할 수 있으며, 이렇게 되어야만 마음속에 의심이 생기지 않고 장애가 되지 않습니다.

염불의 숫자

저는 금강념(金剛念: 밖으로 소리 내지 않고 입술만 움직이며 하는 염불)을 강조하는데, 가늘게 흐르는 물이 끊임없이 오래 흐를 수 있기 때문입니다. 이른바 "마음이 무기력하면 입으로써 돕는다"는 말이 있듯이 마음속에 힘이 없다면 입을 이용해야 합니다. 염불하는 사람이 입을 움직이면 마음도 자연히 따라서 부르게 됩니다. 그러나 만약 입을 움직이지 않고 묵묵히 마음속으로만 부른다면 아주 쉽게 염불을 잃게 되고 쉽게 망상과 잡념들이 떠오르게 됩니다.

그래서 어떤 사람들은 "나는 염불을 하는 데 숫자를 정하지 않고 애써 억지로 하려 하지도 않는다. 염불은 내 마음으로 하는 것이기 때문에 나는 항상 부처님을 생각하며 염불을 하고 있다"라고 말하는데, 사실은 그렇지가 않습니다.

그 사람이 염불을 하는 데 이미 습관이 되어 있어서 익숙한 것이 생소하게 바뀌고 생소한 것이 익숙하게 되었으면 몰라도, 그렇지 않다면 온종일 망상과 잡념 속에서 살기에 하루 동안 염불한 숫자를 모두 계산해 보면 몇 백 번도 채 안 될 것입니다.

여러분이 만약 아침저녁으로 시간을 정해서 조용히 앉아 염불을 하거나, 아니면 하루 동안 규칙적으로 천 번, 오천 번, 만 번의 숫자를 정해서 염불을 한다면 아무리 염불을 못해도 최소한 정해 놓은 천 번, 오천 번, 만 번의 숫자는 채울 수 있을 것입니다.

그래서 우리 초학자들은 매일 염불하는 숫자를 정해 두어야 합니다. 아침저녁으로 조용히 앉아서 염불을 하는 것 외에, 만약 낮에도 시간을 낼 수 있다면 숫자를 정해서 염불을 하셔야 합니다.

이렇게 오래오래 하다보면 습관이 될 수 있습니다. 그렇게 되면 설사 여러분이 염불의 숫자를 정하지 않고, 또 염주를 돌리며 염불을 하지 않더라도 자연히 부처님을 떠올리며 염불을 하게 되는데, 입으로는 자신도 모르게 자주 염불을 하게 되며, 자연스럽게 저절로 그렇게 될 것입니다.

신앙은 바로 생명이다

인생에서 신앙은 매우 중요합니다. 신앙은 곧 수행인의 생명입니다.

저의 신앙은 오직 불교만이 육도윤회로부터 해탈할 수 있고, 오직 불교만이 우주와 인생의 진리라는 것입니다. 이것이 신앙입니다.

팔만사천법문 중에서 저는 오직 아미타불만이 우리를 위하여 48대원을 세우셨고, 우리를 위해 "만약 왕생하지 못한다면 부처가 되지 않겠다"는 원력을 세우셨음을 믿습니다.

시방세계에 부처님이 비록 많고 많지만 저의 마음속에는 오직 아미타불 한 분만 계십니다.

팔만사천법문 중에서 저의 마음속에는 오직 나무아미타불께서 중생들을 구제해 주시는 이 법문만이 우리로 하여금 육도윤회로부터 벗어나게 할 수 있고, 단지 육도윤회를 벗어나게 할 수 있을 뿐만 아니라 왕생하여 성불하게 할 수 있음을 믿습니다. 다른 부처님과 다른 법문에는 모두 이러한 것이 없습니다.

따라서 우리는 이 몸과 마음의 생명, 즉 생사윤회를 하는 이 목숨을 전부 아미타불께 바쳐 의지해야 합니다. 오직 아미타불 한 부처님만을 이 몸이 다할 때까지 목숨 바쳐 생사윤회로부터 벗어나 빨리 성불을 할 수 있는 의지대상으로 삼을 뿐, 두 번째 부처님도 세 번째 부처님도 없고 다른 법문 역시 없습니다.

이럴 수만 있다면, 이러한 신앙은 바로 당신의 생명입니다. 신앙이 있다면 당신에게는 생명이 있는 것이고, 신앙이 없다면 당신에겐 생명이 없는 것입니다. 해탈의 생명이 없으며 성불의 생명 역시 없습니다. 따라서 신앙은 우리들에게 있어서 가장 근본이고 가장 중요하다고 말할 수 있습니다.

우리에게는 부모님도 중요하고, 자식도 중요하며, 남편과 아내 역시 중요하지만 최후에는 전부 우리를 버리고 떠나가고 맙니다. 결국 우리와 함께 할 수 있는 것은 오직 나무아미타불뿐이고, 오직 우리 자신의 신앙뿐입니다.

아미타불은 본존이다(彌陀本尊)

우리 법당에 모셔진 본존은 오직 나무아미타불 한 분뿐입니다. 그 외에 다른 불보살님도 없고 서방삼성西方三聖도 없으며, 오직 아미타불 한 분밖에 없습니다. 왜 그럴까요?

가장 근본이고 가장 중요하며 가장 높고 가장 귀하며 유일무이하여 대신할 수 없는 분을 '본존本尊'이라 부릅니다. 본존은 신앙인의 근본이며 유일무이하게 받드는 분이며 신앙인이 생명의 전부를 의탁할 수 있는 대상입니다.

이 본존이 계셔야 자신의 생명이 있고, 이 본존이 안 계시면 자신의 생명 역시 없으므로, 자신의 해탈의 생명과 성불의 생명은 전적으로 본존에게 의지하게 됩니다. 따라서 본존은 왕과도 같아서, 제일 높고 절대적이고 무엇과도 비교할 수 없으며 유일무이하여 둘도 셋도 넷도 없습니다.

절대로 이 불보살님은 나의 본존이고, 저 불보살님도 나의 본존이라고 말할 수 없습니다. 그런 경우는 없습니다.

다른 불보살님들은 아미타부처님과 비교할 수가 없으며, 동등한 입장에서 논할 수도 없으며, 어깨를 나란히 하고 앉아 있을 수도 없습니다. 우리의 본존은 시종일관 오직 아미타불 한 분밖에 없습니다.

그래서 선도대사께서는 이렇게 말씀하셨습니다.

"부처님께 공양을 올리려면 오직 아미타불께만 공양을 올려야 하고, 부처님께 예배를 하려면 오직 아미타불께만 예배해야 하며, 부처님의 명호를 부르려면 오직 아미타불의 명호만 불러야 한다."

이것이 바로 전일함(專)입니다. 여기서 한 사람의 유일무이한 신앙이 드러납니다.

진리는 하나입니다. 따라서 우리의 법당은 번잡하지 않게 오직 아미타불 한 분만 모시는 것입니다.

만약 여러분이 다른 법문을 닦으신다면 수행하는 법문에 따라 각자 다른 본존을 모실 수도 있습니다. 그러나 정토법문을 닦는 분이라면 법당에 모시는 부처님은 오직 아미타불 한 분으로 충분합니다.

그리고 관세음보살님과 대세지보살님은 아미타불을 시중드는 협시脇侍이자 시자侍者이며 아미타불을 의지하여 왕생한 분들로서, 우리의 훌륭한 벗이므로 따로 본존으로 모시지는 않습니다.

 동시에 우리가 오로지 아미타불의 명호만 부르면 시방세계 모든 부처님의 명호를 전부 부른 것과 마찬가지입니다. 또한 관세음보살님, 대세지보살님 등 여러 대보살님들도 항상 따라다니므로, 오로지 아미타불을 믿고 명호를 부른다면 저절로 이처럼 수승한 효과가 있게 됩니다.

 우리가 만약 이 부처님도 모시고 저 보살님도 모신다면 믿음이 순수하지 않을 뿐만 아니라 수행도 순수하지 않기 때문에 이와 같은 수승한 효과를 볼 수가 없습니다.

법당의 배치

우리의 법당에 걸려 있는 것은 전부 극락세계와 아미타불, 우리의 이 법문과 관련이 있습니다. 관련이 없는 것들은 걸지도 배치해 두지도 않습니다. 우리는 아미타불내영도, 극락세계장엄도, 혹은 이 법문의 경전 법어와 조사 법어를 걸어둘 수 있습니다.

 이것은 한 사람의 신앙을 표시하는데, 그 사람에게는 신앙이 있을 뿐만 아니라 전적으로 귀속하는(專屬) 신앙이 있어 잡다하게 믿고 잡다하게 수행(雜信雜行)하지 않는다는 것을 표시합니다.

수행자의 생활

우리 불법을 공부하는 사람들은 안빈낙도(安貧樂道: 가난함을 편안히 여기며 도를 즐김)할 줄 알아야 합니다. 집안에 물건들의 배치는 소박하면서 간결하여 실속 없이 겉만 화려하거나 뒤죽박죽 난잡해서는 안 됩니다. 필요한 것만 꺼내놓고 필요 없는 것들은 모두 배치하지 않으며, 배치한다면 반드시 가지런하면서 청결하게 해야 합니다.

이 세상은 우리들이 잠시 머무는 여관과 같고, 우리들은 잠시 쉬었다가는 나그네와 같습니다. 따라서 불필요한 잡동사니들은 신외지물(身外之物: 몸 이외의 것으로, 별로 중요하지 않은 것들)이므로 너무 세속적인 물건들은 배치하지 않는 것이 좋습니다. 배치를 하더라도 모두 불법과 정토와 관련이 있는 것들로서, 우리의 눈에 띄는 것들은 전부 극락세계와 관련 있는 광경들이어야 합니다. 이것은 한 사람의 신앙의 깊이를 나타내는데, 만약 그렇지 않다면 그 사람의 신앙의 깊이가 아직 부족하고 한계가 있으며, 심지어 천박하다는 것을 나타냅니다.

신앙이 깊을수록 더욱 그 법문의 정수精髓를 얻을 수 있는데, 우리의 이 법문은 신앙이 깊고 전일할수록 천 명이면 천

명이 왕생하고, 만 명이면 만 명이 왕생할 수 있습니다.

원컨대 이 공덕으로
일체 중생에게 평등하게 베푸나니,
다 함께 보리심을 내어
극락세계에 왕생할지어다.
(願以此功德 平等施一切
同發菩提心 往生安樂國)

선도대사 약전

혜정법사 저술 — 원왕생 번역

편자의 생각

이미 교장(敎章: 가르침의 이치, 내용)을 알았다면 모름지기 종조宗祖를 알아야 할 것이니, 종조에 의해 교장이 세워졌기 때문이다. 한 종파를 처음 창건한 조사를 '종조'라 부르는데, 한 종파 내에서 종조의 지위는 숭고하여 다른 사람과 견줄 수가 없다.

정토종의 종조는 아미타불의 화신이신 당나라 때의 선도대사이다. 대사께서는 정토의 교의를 집대성하셨으며, 『5부9권五部九卷』을 지어 고금의 잘못을 바로잡으셨다(해정고금楷定古今).

부처님의 지혜는 높고 깊어서 어리석은 범부가 헤아릴 수 없고, 경전은 많은 뜻을 머금고 있어 각자의 해석도 같지 않기에, 문자에만 의지하여 뜻을 해석하면 결국 삼세제불의 원망을 사게 될 것이다. 고덕古德들의 저술과 해석 또한 자신의 종파에 따라 한결같지 않고, 여러 종파의 학인들은 각각 자신들의 종조가 불경을 해석한 것에 의지하여 표준으로 삼고 있다.

정토행자는 오직 선도대사와 이 법맥을 계승한 조사(相承祖

師)들의 해석에 의지하여 표준으로 삼아야 한다. 다른 (종파의) 선지식들의 해석이 만약 선도대사와 계승조사들의 해석과 다르다면 각자의 교화방편이 다르기에 그렇다는 것을 알고서 함부로 비평을 하거나 억지로 끼워 맞추려고 하지 말고, 제쳐놓고 오직 선도대사의 해석만 따르면 되는 것이다. 이는 정토행자들이 마땅히 지녀야 할 관념이다.

1. 수·당나라의 성세에 선도대사가 나투시다

선도대사

중국 정토교의 대성자이자 아미타불의 화신인 선도대사께서는 수隋왕조 대업大業 9년(613)에 출생하여 당唐왕조 영륭永隆 2년(681)에 왕생하셨으니, 춘추는 69세이셨다. 즉 수양제隋煬帝 때 출생하여 당고조唐高祖와 태종太宗의 시대를 거쳐 고종高宗 때 왕생하신 것이다.

그가 "스스로 믿고 다른 사람도 믿도록 가르치며(自信敎人信,『왕생예찬게往生禮讚偈』)" 활약한 때는 바로 당나라의 국운이 가장 흥성했던 시기인 태종과 고종 시대이다. 그러나 대사께서 출생하기 전, 천하를 통일한 수문제隋文帝 시대에도 불교는 왕성한 기세로 부흥하고 있었는데, 수문제는 '불교치국책佛教治國策', '불교흥륭책佛教興隆策', '천하불사부흥조天下佛寺復興詔' 등의 정책으로 거의 전국적인 불교화를 이루었다.

불교 신앙이 이와 같이 팽배한 가운데, 대사께서는 무량광명의 정토로부터 화신으로 나투어 오시어 염불성불念佛成佛의 깃발을 드날리시며 중생들이 극락으로 돌아가 원만한 불과를 이루도록 인도하셨던 것이다.

2. 젊은 시절에 전기에 실려 처음 그 빛을 드러내다

선도대사의 전기 문헌은 대단히 많아 중국과 일본에 대략 20~30종이 있는데, 이로써 대사께서 불교사에서 차지하는 지위가 매우 높고 영향력이 깊었음을 알 수 있다. 그 중 가장 이른 전기는 당나라 때 도선율사道宣律師가 지은 『속고승전續高僧傳』이고, 그 다음은 역시 당나라 때 문념文諗·소강少康대사가 공저한 『서응산전瑞應刪傳』(왕생서방정토서응산전往生西方淨土瑞應刪傳)이다. 이 외에는 대부분 후세인들이 찬양하는 입장에서 기술한 것이어서, 물론 의미는 있겠으나 역사적인 가치는 비교적 낮은 편이다. 선도대사의 사적에 참고할 만한 기본적인 자료는 4종의 전기와 6종의 비문碑文이 있는데, 간단히 열거하면 아래와 같다.

(1) 전기

① 『속고승전』 제27권 제10, 석회통전釋會通傳 (부附: 선도전善導傳) - 당 도선 찬(645년)

② 『왕생서방정토서응산전往生西方淨土瑞應删傳』 제12, 선도전 - 당 문념·소상 찬(805년)

③ 『정토왕생전淨土往生傳』 중권 제15, 선도전 - 송宋 계주戒珠 찬(1064년)

④ 『신수왕생전新修往生傳』 중권 제25~26, 선도전善導傳·선도전善道傳 - 송 왕고王古 찬(1084년)(『유취정토오조전類聚淨土五祖傳』. 대정장 83책 157쪽에서 인용.)

(2) 비문

① 당자은사선도선사탑비唐慈恩寺善導禪師塔碑 - 경조금석록京兆金石錄

② 당자은사선도화상탑명唐慈恩寺善導和尚塔銘 - 경조금석록

③ 용문대불상감기龍門大佛像龕記 - 금석췌편金石萃編 제73

④ 융천대법사비명隆闡大法師碑銘 - 금석췌편 제86

⑤ 정업법사령탑명淨業法師靈塔銘 - 금석췌편 제75

⑥ 광명사혜료탑명光明寺慧了塔銘 - 금석속편金石續編 제5

도선율사는 수나라 개황開皇 16년(596)에 태어났으며, 대사

보다 17세가 많았다. 선도대사가 아직 청년이었음에도 불구하고 남산율의 개조인 도선율사는 자신이 쓴『속고승전』가운데서 자신이 들은 것들을 가지고 미리 대사를 위해 모든 사람들이 찬양하는 사적을 적으셨던 것이다. 비록 짧은 123자에 불과하지만, 대사의 위대함은 여기서 이미 그 단서를 드러냈던 것이다.

3. 속성은 주씨, 본적은 산동

선도대사의 속성은 주씨朱氏이며, 산동성山東省 임치현臨淄縣 사람이다(안휘성安徽省 사현泗縣[23]이라고도 한다). 어릴 때 출가하여 밀주密州의 명승明勝법사를 스승으로 모시고『법화경』,『유마경』등의 대승경전을 깊이 연구하셨다.

밀주는 산동성 제성현諸城縣에 있는데, 임치현과 거리가 멀지 않다. 명승법사는 삼론종三論宗의 학장學匠이었으며, 삼론종을 개창한 가상대사嘉祥大師 길장(吉藏, 549~623)과 함께 법랑法朗대사(507~581)의 수제자였다.

---

[23] 당나라 때 문심文諗과 소강少康이 지은『왕생서방정토서응전』에는 '사주인四洲人'으로 기록되어 있고, 송나라 때 지반志磐이 지은『불조통기佛祖統紀』에는 '임치인臨淄人'으로 되어 있다.

4. 수나라 말 당나라 초 불교계의 융성함

당시 불교계의 융성함을 말하자면, 이때는 가상대사(길장)가 황제의 명을 받고 수도 장안長安의 일엄사日嚴寺에서 삼론三論[24]을 선양하고 있었다. 가상대사는 당唐 고조高祖 무덕武德 6년(623)에 입적하였으니, 선도대사께서 출생할 무렵은 바로 가상대사가 장안에서 크게 활약하던 시기였다.

또한 천태종의 개창자인 지의智顗대사(538~597)가 왕생한 해가 수 개황 17년(597)이었으니, 선도대사께서 출생하기 16년 전이다. 그 후에 천태종은 지의의 수제자인 장안章安대사 관정灌頂으로 인해 널리 전파되었다.

정토교 방면으로는, 수나라 대업大業 5년(609)에 48세의 나이로 정토교로 귀의한 도작선사(道綽禪師, 562~645)께서 산서山西의 태원太原을 중심 지역으로 삼아 염불의 씨앗을 널리 퍼뜨리고 있었는데, 그 명성이 널리 퍼져 일곱 살 먹은 아이들도 염불할 줄 알았다고 한다.

또한 인도로 경전을 구하러 가서 16년 동안의 긴 순례 끝에 수많은 경전을 가지고 돌아와 번역을 함으로써 불멸의 공적을

---

24 삼론종三論宗에서 주요 경전으로 삼는 세 가지로 『중론中論』, 『십이문론十二門論』, 『백론百論』을 아울러 이른다.

남긴 현장삼장(玄奘三藏, 602~664)은 대사보다 11년 일찍 태어났으니, 대사와 현장삼장은 거의 동시대에 장안에서 활약했던 것이다.

5. 변상도를 보고 왕생을 발원함에는 그 까닭이 있었다

대사께서는 일찍이 「서방변상도西方變相圖」를 보고 크게 감격하고서 문득 정토를 흠모하여 왕생하려는 마음을 일으켜 찬탄하여 말하기를 "어떻게 마땅히 연화대에 이 몸을 의탁하여 신식이 정토에 깃들게 할 것인가!(何當託質蓮臺 棲神淨土)"라고 하였다. 이른바 「서방변상도」란 서방 아미타불 정토의 장엄함을 그림으로 그린 것인데, 여기서 '변變'은 곧 바꾸어 변한다(轉變)는 말로서 극락정토의 모습을 그림으로 바꾸어 변화시킴으로써 사람들로 하여금 감상하고 나서 극락을 흠모하도록 한 것이다. 대사께서는 「서방변상도」를 보자마자 크게 감동하여 기꺼이 정토를 구하고자 하는 깊고 간절한 발원의 마음을 시종일관 오롯이 하셨으니, 대사의 숙세 선근이 두터운 데에는 까닭이 있었음을 알 수 있다.

6. 『관경』에 깊이 귀의하여 몸소 삼매를 증득하다

20세가 되어 구족계具足戒를 받고 난 대사는 묘개율사妙開律師와 함께 『관경』을 보고서는 기쁨과 슬픔이 교차하여 탄식하듯 말씀하셨다.

"다른 수행법으로는 진부하고 궁벽하여 성취하기가 어렵고, 오직 이 관문만이 반드시 생사를 초월한다."
(修餘行業 迂僻難成 唯此觀門 定超生死.)

『관무량수경』은 수당 초기에 가장 환영받은 경전 중 하나로서, 단지 정토교의 대가들로부터 존중받았을 뿐만 아니라 또한 보편적으로 불교계 전체의 비상한 주목을 받았기에 이 경전을 강연하거나 독송하는 경우가 매우 많았다고 한다.

'시(時: 때)'와 '기(機: 근기)'에 대한 통렬한 반성, 다시 말해 말법시대임을 자각한다면, 죄악생사범부를 구제하는 교법을 설한 이 『관무량수경』이 널리 중시되고 사랑받은 것은 지극히 당연한 일이다.

『신수왕생전新修往生傳』에는 다음과 같이 기록되어 있다.

"나중에 종남산終南山 오진사悟眞寺에 은거하셨는데, 몇 해지나지 않아 피로를 잊고 관상觀想을 하여 이미 매우 깊고 미묘한 성취를 이루셨다. 문득 삼매 가운데서 극락의 보배 누각과 연못과 금으로 된 좌대들이 뚜렷하게 눈앞에 나타났다."

종남산은 당나라 수도인 장안의 남쪽에 있는데, 오진사는 종남산 남전현에 있으며 수나라 개황 연간(581~600)에 정업법사淨業法師가 창건한 절이다. 후에 보공保恭, 혜초慧超, 법성法成 등의 법사가 잇따라 와서 주석하였는데, 그들이 모두 정토법문을 닦았기에 오진사는 정토를 신앙하는 수행도량이라 말할 수 있다. 선도대사는 20여 세에 몸소 삼매를 증득하셨으니, 고금의 고승들 중 대사보다 뛰어난 분은 매우 드물었다.

7. 스승 찾아 도를 구하여 그 진수를 철저히 깨닫다

당나라 정관貞觀 연간(627~649), 선도대사의 나이 20여 세 때 처음 도작道綽선사가 진양(晉陽: 산서성 태원太原)에서 정토종의 종풍을 드날리고 있다는 말을 듣고는 천리를 멀다 않고 찾아가 가르침을 청하였다. 대사의 방문에 대해 도작선사께서는 마음속으로 매우 기뻐하셨으니, 눈앞에 있는 저 청년이 장차 자신의 후계자가 될 것을 알아보셨던 것이다. 그래서 그는 아미타불의 본원本願과 『관경』의 참뜻에 대해 철저하게 설명해 주었다.

『관경』(관무량수경)의 진수와 참뜻은 반드시 『대경大經』(무량수경)에 의거하여 해석해야만 비로소 분명하게 드러날 수 있다. 즉 13관의 관불삼매觀佛三昧는 버리려는 것이고, 오직 믿음과 발원으로 칭명하는 염불삼매만이 모든 삼매 가운데 으뜸이라는 것이다. 선도대사께서는 도작선사의 지도하에 모든 의심이 금세 얼음 녹듯이 사라져 『관경』의 심오한 뜻을 몸소 깨달으셨다.

이처럼 『관경』의 심오한 뜻을 직접 전수받아 정토의 진수를 철저히 깨닫고 아미타불의 본원에 깊이 귀의한 대사께서는 도작선사 문하에서 직접 가르침을 받은 걸출한 제자가 되었다.

담란曇鸞대사의 종풍을 계승한 도작선사께서는 오로지 아미타불의 구제를 믿고 오로지 아미타불의 명호를 불렀다. 일생 동안에 『관경』을 200번이나 강의하셨는데, 그 교화의 기풍이 성대하고 당시에 명성이 대단히 높아 제왕이 우러러 공경하고 서민들이 다 같이 귀의하였던 것이다.

8. 이하백도로써 신심을 고백하다

『신수왕생전』의 기록에 의하면, 선도대사께서 도작선사를 방문하였을 때는 초겨울로 찬바람이 매섭게 불어 여행길이 매우 힘들었는데, 바람에 떨어진 낙엽들이 깊은 구덩이를 가득 메울 지경이었다고 한다. 이에 대사께서는 구덩이에 들어가 정좌하여 일심으로 염불하니 어느새 수일이 지났다. 이때 홀연히 공중에서 말하는 소리가 들려왔다. "이제 길을 떠나도 괜찮다. 가는 곳에 더 이상 장애가 없을 것이다." 이에 대사께서는 피로를 잊고 구덩이에서 나와 도작선사가 계시는 현중사玄中寺에 이르렀다.

이후에 대사께서는 『관경』을 주해하시면서 '두 강과 흰 길의 비유(二河白道兪)'[25]로써 염불에 대한 신심을 수호하고자 하

---

[25] 이 '이하백도二河白道의 비유'는 선도대사의 『관경소觀經疏』 「산선의散善義」 중에 나오는 비유인데, 그 내용은 다음과 같다.
어떤 나그네가 서쪽을 향하여 긴 여행길에 올랐다. 그런데 그가 나아갈 앞길을 살펴보니, 거기에는 남북으로 두 개의 큰 강(二河)이 흐르고 있었는데 북쪽의 강은 물(水)의 강이고 남쪽의 강은 불(火)의 강이었다. 이 두 강의 폭은 백보百步이고, 두 강의 중간에는 넓이 약 4-5촌(寸, 약 15센티미터) 가량 되는 좁은 흰 길(白道)이 보였다. 이 흰 길은 길이가 역시 백보이고, 동서로 뻗어 있는데 물결에 의해 씻기기도 하고 아울러 불길에 의해 태워지기도 하고 있었다. 이에 나그네는 도저히 앞으로 나아갈 엄두가 나지 않았다. 그런데 설상가상으로 나그네의 뒤에서는 도적의 무리와 사나운 야수 떼가 덤벼들고 있지 않은가. 그야말로 진퇴양난의 지경이 되어 어찌할 바를 몰라 당황할 뿐이었다. 이런 급박한 상황 속에서 나그네는 다음과 같이 생각하였다. "내가 지금 되돌아

이하백도

가는 것도 죽음이요, 멈추는 것도 죽음이요, 앞으로 나아가는 것도 죽음이니 도무지 어떻게 해도 죽음을 면할 수가 없겠구나.(삼정사三定死)." 그런데 바로 이때 나그네의 앞쪽에 있는 언덕 위에서 어떤 사람의 소리가 들려왔다. "여보시오, 거기에 보이는 좁은 흰 길을 따라서 앞으로 나아가시오. 그 길은 위험한 길이 아니니 안심하고 가시오(석가釋迦의 발견發遣)." 그리고 또 건너편의 언덕에서도 소리가 들려왔다. "그대여, 다른 생각할 것 없이 한 뜻으로 바로 오시오. 그러면 내가 그대를 지켜 줄 것이오. 물과 불의 재난으로 떨어질 것을 두려워하지 마시오(미타彌

였는데, 아무도 없는 넓은 황야에서 홀로 쓸쓸히 걷고 있는 모습을 기술함으로써 사람들로 하여금 그때에 막다른 골목에 이르러 살길을 만난 체험을 느끼도록 하였다.

9. 지름길 수행은 오직 염불에 있다

대사께서 도작선사를 참배하는 과정과 관련하여 『속고승전續高僧傳』에서 간략하게 다음과 같이 말하고 있다.

"근래에 선도라는 산승山僧이 있는데, 도를 구하려 천하를 두루 돌아다니다가 서하(西河: 오늘날 산서성 태원 부근)에 이르러 도작선사를 만나 뵙고는 오직 염불하는 아미타불의 정업淨業만을 닦았다."

선도대사께서 주석하신 오진사悟眞寺와 도선율사(『속고승전』의 저자)가 주석한 봉덕사豐德寺는 모두 종남산終南山에 있었기에 율사는 대사를 일러 '산승'이라고 말한 것이다.

陀의 소환召喚)." 이 말씀을 듣고 믿게 된 나그네는 한 뜻으로 흰 길을 걸어가서 무사히 목적하는 강 건너의 피안에 도달하게 되어 좋은 벗들과 함께 영원한 기쁨을 누리게 되었다.

오직 염불수행만 하면 반드시 극락왕생하는 이유는 아미타불의 크신 본원력에 의지하기 때문이다. 그래서 대사께서는 유명한 「권화게勸化偈」에서 다음과 같이 노래하셨다.

　피부는 점점 쪼그라들고 머리털은 백발 되고
　갈수록 걸음걸이는 휘청거리네.
　설령 금은보화 집안 가득 있다 해도
　늙고 병듦 면하기는 어려워라.
　그대 천만 가지 쾌락 누린다 해도
　무상한 죽음은 끝내 오고야 말리.
　오직 이를 벗어나는 지름길 있으니
　다만 아미타불을 염하는 것이라네.

"다만 아미타불을 염하는 것(但念阿彌陀佛)"이 바로 '오직 염불수행을 하는 것'이고 곧바른 '지름길'이며, '다른 수행은 멀리 돌아가는 것이어서 성취하기가 어렵다'는 것이다. 여기서 우리는 대사의 염불 종풍이 도작선사의 가르침을 받은 것이고, 도작선사는 담란대사의 가르침을 전승받은 것임을 알 수 있다.

10. 지성으로 염불하여 수행이 부지런하고 진실하다

선도대사께서 도작선사를 만난 것은 마치 물고기가 물을 만난 것과 같았으니, 직접 물병의 물을 남김없이 쏟아 붓는(瀉瓶)²⁶ 가르침을 받았다. 정관 19년(645), 도작선사께서 84세로 왕생하신 뒤에 선도대사께서는 다시 오진사로 돌아왔으니, 그때 대사의 나이 33세였다.

　몸소 삼매를 증득한 성자로 모두가 우러러본 선도대사는 일상의 수행이 매우 부지런하고 진실하셨다. 그 구체적인 상황을 『정토왕생전』에는 다음과 같이 기록하고 있다.

"법당에 들어가면 바로 합장하고 호궤(胡跪: 한쪽 무릎은 땅에 대고 다른 무릎은 세워서 앉는 예법)하고는 일심으로 염불하되 힘이 다하지 않으면 쉬지 않았으며, 나아가 몹시 추운 날에도 반드시 땀을 흘렸으니, 이러한 모습으로 그의 지극한 정성을 나타내었다. 30여 년 동안 잠자리가 따로 없었고, 잠시도 잠을 자지 않았으며, 세수하고 목욕할 때를 제외하고는 승복을 벗지 않았다. 계품(戒品: 계율)을 보호하여

26　사병瀉瓶: 남김없이 법을 전해주는 것이, 마치 이 병의 물을 저 병으로 쏟아 붓는 것과 같다는 뜻이다.

지님(護持)에 있어서도 매우 미세한 부분도 범하지 않았으니 일찍이 눈을 들어 여인을 보지 않았고, 모든 사람을 존경하였으며, 심지어 사미들에게서조차도 절을 받지 않았다. 명예와 이익에 대한 생각을 끊었으며 모든 희론과 농담을 멀리하였다.

그가 가는 곳마다 사람들이 다투어 공양하였으니, 음식과 의복 등의 사사四事가 풍부하였으나 모두 자신의 것으로 하지 않고 다른 이들에게 나누어주었다. 좋은 음식은 공양간으로 보내어 대중들에게 공양하였고 거친 음식만 자신이 먹었다. 우유를 가공한 크림이나 치즈 같은 것들은 모두 마시거나 먹지 않았다. 또한 모든 보시금을 모두 『아미타경』 10만여 권을 사경하고 「정토변상도」 300여 폭을 그리는 데 사용하였으며, 무너진 절이나 부서진 탑을 보면 모두 고쳐서 복원하였고, 연등을 계속 밝혀 매년 끊이지 않게 하였다. 삼의三衣와 발우를 다른 사람을 시켜 씻게 하지 않았으며 시종 (그 습관을) 바꾸지 않았다. 언제나 혼자 다니고 대중들과 함께 다니지 않았으니, (사람들이) 세속적인 일들을 이야기하여 수행에 방해되는 것이 두려웠기 때문이었다."

이로써 선도대사께서는 스스로를 단속함에는 엄격하셨고 다른 이들에게는 관대하셨음을 알 수 있다. 또한 자비심이 간절하셨기에 가는 곳마다 사람들이 모두 그 은혜를 입었음을 알 수 있다. 그런 까닭에 『융천대법사비서隆闡大法師碑序』(743년)에서는 대사의 덕풍德風을 우러러 찬탄하며 이렇게 말하고 있다.

"자애의 나무는 울창한 숲을 이루고,
연민의 꽃이 환하게 비치네!"
(慈樹森疏 悲花照灼.)

11. 한 번 염불할 때마다 한 줄기 광명이 나오다

대사의 염불은 지극히 깊은 경지에 도달하여 입으로 아미타불을 한 번 부를 때마다 입으로부터 한 줄기 광명이 나왔으며, 백 번 천 번을 부를 때도 역시 그와 같이 광명이 나왔다. 그런 까닭에 후세 사람들은 선도대사를 종남대사(終南大師: 종남산에 주석하신 까닭)라 부르기도 하고 혹은 광명화상(光明和尚: 입에서 광명이 나온 까닭)이라 부르기도 하였다.

12. 염불로 겨루니 불상이 광명을 놓다

또한 선도대사께서 서경사西京寺에 계실 때, 일찍이 금강법사와 염불의 우열을 겨루신 적이 있었다. 이에 대사께서는 발원하며 말씀하셨다.

"모든 경전에 따르면, 세존께서는 염불의 한 법으로 정토에 왕생할 수 있으니 하루나 이레, 한 번이나 열 번 아미타불을 염불하면 반드시 정토에 왕생한다고 말씀하셨다. 이것이 중생을 속이는 게 아니라 진실이라면 곧 이 법당 안의 두 불상이 광명을 놓을 것이다. 만약 이 염불법이 헛되어서 정토에 왕생하지 못하고 중생을 속이고 현혹케 하는 것이라면 선도는 이 높은 자리(高座)에서 곧바로 대 지옥으로 떨어져 오랜 시간 고통을 받으며 영원히 벗어나지 못할 것이다."

그리고는 여의장如意杖으로 법당 안의 불상을 가리키자 불상이 모두 광명을 놓았다. (당 도경道鏡·선도善道, 『염불경念佛鏡』「서원증교문誓願證教門」에 나오는 글)

13. 십만 권의 사경, 삼백 폭의 정토변상도

선도대사께서는 아미타불의 화신답게 그 교화활동이 불가사의하다고 말할 수 있으니, 이를 완전히 초인적인 힘으로 추진하셨다. 『속고승전』과 『서응산전』에 따르면 "『아미타경』 십만 권을 사경하고 정토변상도 삼백 폭을 그리셨는데, (그 경전과 변상도를) 받은 사녀士女들의 수가 무수히 많았다"고 한다. 다

변상도. 선도대사가 그린 변상도를 재현한 것이라 함

시 말해『아미타경』을 서사하여 인연 있는 사부대중에게 나눠 주었는데 그 수가 10만 권에 달하였으며, 아울러 변상도로써 사람들이 흠모하게 한 까닭에 (그 경전과 변상도를 받은) 남녀들이 무수히 많았다는 것이다.

현재 일본 교토京都 류코쿠龍谷대학 오미야大宮도서관에는 선도대사께서 손수 서사하신『아미타경』한 권이 보존되어 있는데, 이 책은 1899년 오타니大穀탐험대가 중국의 투루판(중국 신장新疆 위구르 자치구 우루무치 남동쪽에 있는 도시)에서 발굴한 것이다. 대사께서 손수 서사하신 경전이 서역지방에까지 유포되었으니, 그 교화의 광대함은 사람들의 경탄을 자아내었다.

그리고『정토왕생전』에서 말하기를 "이어 경사(京師, 수도 장안)에 이르러 사부대중 제자들을 분발시키는데 귀한 자나 천한 자를 따지지 않았으며, 도살업자나 술파는 무리들도 역시 교화하여 깨닫게 하였다"라고 하였다.

다시 말해 대사께서 수도 장안에 들어가서 널리 민중을 교화하고 정토법문을 가르쳐서 사부대중 제자들을 분발케 하였는데 귀한 자나 천한 자를 따지지 않았으며, 심지어 도살업자나 술파는 무리들도 역시 깊이 감화를 받아 회개하고 염불하여 왕생하였다는 것이다.

14. 도살 칼을 내려놓고 즉시 성불하다
- 아무리 나쁜 사람도 회개하면 즉시 좋은 사람이 될 수 있다.

『불조통기』 제28권에는 다음과 같은 이야기가 나온다.

당나라 때 장안에 경京씨 성을 가진 사람이 있었는데, 본래는 백정이었다. 선도대사께서 사람들에게 염불을 권하는 바람에 온 도시 사람들이 육식을 끊어버리자, 경 씨는 이를 미워하고 원망하여 칼을 들고 절로 찾아가 대사를 살해하려 하였다. 그러나 선도대사께서 서방을 가리켜 보이니 정토의 모습이 나타났다. 경 씨는 즉시 마음을 돌려 왕생을 발원하고는, 높은 나무 위에 올라가 염불하면서 나무에서 떨어져 죽었다. 대중들은 화불化佛께서 그의 정수리로부터 하늘동자(天童子)를 이끌고 나오는 것을 보았다.(하늘동자가 곧 그의 식신識神)

아미타불의 구제는 언제 어디서나 존재하며
아무런 조건도 없으시다네.
승속이나 선악에 관계없이 간절히 왕생을 원하면
즉시에 왕생할 수 있다네.

또한 대사의 연민으로 사람들을 감화시키니
덕이 있는 자 얼굴을 뵈오면
악한 생각 모두 사라짐을 알 수 있네.

15. 예토를 싫어하고 정토를 흠모하여 몸을 버리고 왕생하다

장안의 도속 남녀들은 대사의 감화를 받고 정토에 귀의하는 자들이 매우 많았다. 또한 대사의 "예토를 싫어하여 떠나 기꺼이 정토를 구하라(厭離穢土 欣求淨土)"는 간곡한 교화에 열렬한 감화를 받고서 "몸을 버리고 왕생"하는 신자들의 얘기가 종종 들렸다고 한다. 『속고승전』에서는 다음과 같이 말하고 있다.

광명사光明寺에서 설법을 할 때에 어떤 사람이 선도대사께 물었다.
"지금 부처님 명호를 부르면 반드시 정토에 왕생할 수 있습니까?"
선도대사께서 말씀하셨다.
"염불하면 반드시 왕생합니다."
이에 그 사람은 예배를 마치고 나서 입으로 나무아미타불을 부르며, 염불소리가 이어지게 하면서 광명사를 나와 버

드나무 위에 올라가 서쪽을 바라보며 합장하고는 몸을 거꾸로 던져 땅에 떨어져 죽었으니, 이 사건의 소문은 태성台省에까지 알려졌다.

'태성台省'은 곧 당시의 중앙정부이다. 이것은 도선율사가 직접 듣고 『속고승전』에 기록한 내용이다. 또 『정토왕생전』에서도 다음과 같이 말한다.

경화(京華, 수도)에 여러 고을의 비구·비구니와 재가 남녀들 가운데는 높은 고개에서 몸을 던지거나 깊은 샘에 빠져 목숨을 버리거나 스스로 높은 나뭇가지에서 떨어지거나 몸을 불살라 공양하는 자도 있었는데, 대략 멀리 사방에서 백여 명이 그렇게 한 걸로 알려졌다. 온갖 범행梵行을 닦고자 처자를 버린 이도 있고, 『아미타경』을 십만에서 삼십만 번을 독송한 자도 있으며, 아미타불 염불을 하루에 만 오천에서 십만 번에 이르는 자들도 있었으니, 염불삼매를 얻어 정토에 왕생한 자들은 그 수를 알 수 없을 정도로 많았다.

제국의 수도와 지방을 막론하고 승속 남녀들이 몸을 던져 목숨을 끊고, 심지어 몸을 태워 공양한 이들은 그 수가 총 100여 명이 넘었다는 것이다.

대사의 감화력이 지닌 위대함이 마침내 이와 같은 경지에 이르렀으니, 그 형용키 어려울 정도로 훌륭한 덕은 전체 중국 불교 역사상 특별히 출중하여 아주 드문 경우라 할 수 있다. 그래서 『서응산전』에서는 "불법이 동쪽으로 건너온 이래로 선사만큼 훌륭한 덕을 갖춘 이는 없었다"라고 말한 것이다.

이는 사람들로 하여금 『관경소』 「산선의」의 말씀을 생각하게 한다.

돌아가리라.
마구니의 고향엔 머물 수 없으니.
무량 겁 동안 윤회해 오면서
육도를 모두 다 겪었다네.
이르는 곳마다 즐거움은 없고
오직 슬픈 탄식소리만 들리누나.
이 평생을 마친 뒤에는
저 열반의 나라로 들어가리라.

대사께서는 시대의 혼탁함과 사람들 마음에 있는 죄의 장애에 대해 아주 깊은 통찰을 하시고 나서 이와 같은 통렬한 심정을 토로하신 것이다.

16. 헛소문이 꼬리를 물고 퍼져 몸을 버림이 잘못 전해지다

당시에 '사신왕생(捨身往生: 자살함으로써 왕생을 얻음)'의 사적이 잇달아 전해져옴으로 인해 선도대사의 다른 몇몇 전기에서는 대사까지도 몸을 버리고 왕생했다는 설이 전해지게 되었다. 그러나 이것은 앞서 인용한 『속고승전』의 문장을 잘못 읽은 것이다. 이 문장을 가지고 북송北宋 때 계주戒珠의 『정토왕생전』(1064)과 왕고王古의 『신수왕생전』(1084) 등에서 대사께서 사신왕생을 했다고 잘못 전한 것인데, 비록 정확하진 않지만 이를 통해 당시에 서방에 왕생하고자 하는 열망이 얼마나 간절했는가를 알 수 있다.

또 『신수왕생전』에서는 선도善導와 선도善道를 두 사람으로 보고 말하고 있지만, 이는 결코 두 사람이 아니라 같은 한 사람의 전기로부터 와전되어온 것으로 봐야 할 것이다.

17. 자은사 비석에 대사를 기념하다

선도대사의 법화法化는 매우 광대하였다. 따라서 장안 시내에 머물렀던 사원인 광명사 이 외에 유명한 자은사慈恩寺와 실제사實際寺에서도 오랫동안 널리 교화하셨다.

자은사는 천하에 명성이 널리 알려진 현장삼장이 주석한 곳

으로, 삼장법사가 이 절의 역경원에서 불전 번역을 완성한 것은 불후의 금자탑이었다. 그런데 이 절에는 선도대사를 기념하는 비문 두 개가 남아 있었는데 다음과 같다.

① 당자은사선도선사탑비唐慈恩寺善導禪師塔碑: 융경 2년(681)에 승려 의성義成이 짓고 이진방李振方이 쓰다(撰正書).
② 당자은사선도화상탑명唐慈恩寺善導和尚塔銘: 대중大中 5년(851)에 승려 지우志遇가 짓고 쓰다(撰並書).

아쉽게도 이 두 비문은 실전되고 말았다. 그렇지 않았다면 대사의 사적을 더욱 분명히 알고 더 잘 이해할 수 있었을 것이다.

이 자은사를 건립한 유래는 도작선사와 약간의 인연이 있다. 즉 오로지 정토만을 일삼으며 염불하는 도작선사의 고상한 기풍은 고종高宗의 어머니인 문덕황후文德皇后로부터 굉장한 추앙을 받았는데, 황후가 정관 10년(636)에 세상을 떠나자, 마침내 정관 22년(648)에 이르러 당시까지도 황태자였던 고종이 어머니를 위해 공덕을 지으려고 수도에다가 자은사를 지었던 것이다. 그 낙성법회 때 전국에서 50명의 고승들을 초청하였는데, 선도대사도 칙명을 받아 선택된 고승 중의 한 사람이었다.

장안을 드나들던 대사께서는 때때로 자은사에 거주하면서 정토법문을 널리 펼쳤는데, 그 감화가 깊고 공훈이 융성하여 후인들이 그를 오래토록 기억하고 숭앙하기 위하여 두 번이나 비석을 세웠던 것이다.

18. 칙명을 받들어 용문대불의 조성을 감독하다

선도대사께서 실제사에 주석하고 계실 때의 사적으로는 두 가지 자료가 남아 있다.

첫째는 「융천대법사비」[27]인데, 완전한 이름으로는 「당실제사고사주회운봉칙증융천대법사비명大唐實際寺故寺主懷惲奉敕贈隆闡大法師碑銘」(『금석췌편金石萃編』 권86, 당唐 46에 수록)이다. 이 비명에는 선도대사의 제자인 회운(융천)법사의 출가 사연이 기록되어 있는데, 비문에서 말하기를,

"당 고종 총장總章 원년 …… 그때에 삼매를 몸소 증득한 선도 아사리가 계셨는데, …… 스승과 제자의 관계를 맺었다."

---

27 「융천대법사비」는 탕 현종玄宗 천보天寶 2년(743)에 융천법사 회운(懷惲, 640~701)의 생애와 업적을 새긴 비이다. 회운은 회감懷感스님과 함께 선도대사의 수제자였다.

용문대불

라고 하였다. 비문에서는 회운법사(원래는 귀족의 자제였다)가 머리를 깎고 출가할 때, 선도대사께서 삭발의식을 주관하셨으며, 그때가 당 고종 총장 원년(668년)이었다고 기술하고 있다.

둘째는 「하락상도용문지양대노사나상감기河洛上都龍門之陽大盧舍那像龕記」란 비문이다. 세계적으로 유명한 '용문대불龍門大佛'은 고종 황제가 마음을 내고 황후인 무 씨(武氏, 측천무후)가 자금을 대어 조성한 것인데, 이때 칙명을 받들어 조성을 감독한 분이 바로 선도대사이다. 당시 대사가 실제사에 주석하고 계셨기 때문에, 이 비문에는 다음과 같이 기록되어 있다.

"(노사나불은) 대당 고종 천황대제께서 조성하신 것이다. …… 황후 무 씨가 지분전(脂粉錢: 부녀자들이 화장품을 사기 위해 모은 돈) 2만 관을 보조하였다. 칙명을 받들어 감독한 승려는 서경(西京: 장안) 실제사의 선도선사이다. …… 상원 上元 2년 을해 12월 30일에 공사를 마쳤다."

상원 2년(675)은 대사의 세수가 63세 되던 해였다. 비문에 "서경 실제사 선도"라는 말이 있는 것으로 보아, 이때는 대사께서 실제사에 상주하면서 포교하시던 시기였음을 알 수 있는데, 당시 실제사의 주지가 바로 대사의 제자인 회운법사였기 때문이다(회운법사는 선도대사의 제자). 이 비문을 통해 우리는 대사께서 매우 박학다식했으며 불교예술에도 조예가 깊었기에 황제도 그 명성을 듣고는 믿고 의지했음을 알 수 있다.

19. 호북 양양에서 수승한 행을 전하시다

선도대사의 교화는 날로 번성하여 산서(山西: 장안 일대)와 하락(河洛: 낙양 일대)뿐만 아니라 남으로 호북 양양까지 이르렀다. 『대당서역구법고승전』 하권에는 의정삼장(義淨三藏:

635~713, 『대당서역구법고승전』의 저자)의 다음과 같은 말이 기록되어 있다.

"(인도에서 온) 비구 정고(貞固, Salagupta)율사는 …… 다시 양주襄州로 가서 선도선사를 뵙고 아미타불의 수승한 행(彌陀勝行)을 전수받았다."

정토종 염불법문의 유포가 의정삼장의 주목을 받았으며, 게다가 "수승한 행(勝行)"이라고까지 찬양하고 있었으니, 여기서 이 법의 수승함, 나아가 선도대사의 법화法化가 성대함을 알 수 있으며, 중생교화를 위해 얼마나 헌신적으로 노력하였는지를 알 수 있다.

20. 감몽으로 주석서를 지어 고금의 잘못을 바로잡다

장안이 머무는 기간 동안 선도대사께서는 당시 불교계의 『관경』에 대한 잘못된 해석을 바로잡기 위하여 『관경소』(사첩소四帖疏라고도 함) 4권을 지으셨다. 저술하시기 전에 부처님 앞에서 마음을 드러내 발원을 하시면서 신령한 감응을 주시기를 청하였다. 그러자 그날 밤에 제불보살님들이 앞에 나투시는 거룩한 경계를 보셨다. 그날 이후로부터 매일 밤 꿈속에 늘 스님 한 분이 오셔서 과문科文²⁸의 심오한 의미를 지도해 주었는데, 주석서를 다 완성하자 다시 나타나지 않았다. 『관경소』를 다 완성할 무렵 다시 한 번 청하는 기도를 올리셨는데, 삼일 밤을 연이어 모두 거룩한 경계들이 나타났다. 그때 상황은 『관경소』 제4권에 실려 있으니, 책을 찾아보면 알 수 있다.

그런 까닭에 후세에 이 『관경소』를 「아미타불께서 전하신 말씀(彌陀傳說)」이라 부르기도 하고, 또는 「고금의 잘못을 바로잡은 소(楷定古今之疏)」라고 부르기도 하며 경전과 같이 귀중히 여겼으며, 선도대사 또한 「고금의 잘못을 바로잡은 대사(楷定古今之大師)」로 추앙받았다.

21. 때가 이르렀음을 미리 알고는 문을 닫고 세상을 떠나다

선도대사께서 제국의 수도 장안에서 널리 펼치신 염불법문은 다양한 부류의 사람들의 근기에 아주 잘 들어맞았기에, 승속과 남녀를 불문하고 많은 대중이 귀의하여 문전성시를 이루었다. 대사께서 왕생하기 얼마 전, 머무시던 절에서 정토변상도를 그리고 계셨는데, 갑자기 빨리 완성하기를 재촉하셨다.

---

28 과문科文: 경론經論의 뜻을 알기 쉽게 해석하기 위하여 내용에 따라 문단을 나눈 것.

어떤 사람이 그 까닭을 물으니, 대사께서 대답하기를 "나는 곧 왕생한다. 이삼 일 정도만 더 머물 수 있을 뿐이다"라고 하셨다.

　이윽고 시간이 되자 문득 약간의 병을 보이시더니, 방문을 닫고 기쁘게 세상을 떠나셨다. 몸은 부드러웠고 안색은 평상시와 같았으며 기이한 향기와 음악이 오래토록 나다가 비로소 그쳤다. 이때 춘추가 69세였으니, 영륭永隆 2년(681) 3월 14일이었다.

22. 당나라 시대의 3대 장례

선도대사님의 교화로 인하여 "신봉자들이 수없이 많았고, 염불소리가 장안에 넘쳐났다." 그런 까닭에 대사의 장례는 당연히 한때의 대성황을 이루었을 것이다. 만약 마조도일馬祖道一 선사의 전기에 의거한다면, "화엄은 숭양嵩陽에서 참됨(眞)으로 돌아가셨고, 선도대사께서는 진령秦嶺에 있는 탑에 묻히셨다. 상복을 입고 예경을 다했으며, 장안성의 모든 사람들이 성 밖을 나와 비탄에 젖어 운구를 떠나보냈으니, 그 성대함은 지금이 곧 세 번째이다"라는 문장에 있다. 이에 따른다면 선도대사의 장례는 바로 당나라 시대의 3대 장례 중 하나이다.

　"화엄은 숭양嵩陽에서 참됨으로 돌아갔고"에서 화엄은 바로 화엄존자華嚴尊 보적대사(普寂大師, 약 651~739)를 말한다. 보적대사의 전기 중에는 "성안의 모든 사람이 통곡하며 보냈는데, 골목이 텅 빌 정도였다"라는 문장이 있었으니, 이에 준하여 선도대사의 장례도 마땅히 이와 같았음을 미루어 짐작할 수 있을 것이다.

이러한 일은 대사의 성덕盛德으로 자연스럽게 일어난 것이지, 사람이 억지로 안배해서 된 일이 아니다. 이는 『서응산전』에서 대사를 찬탄하는 말을 통해서도 그 사실을 확실히 알 수 있다. "불법이 동쪽(중국)으로 전해진 이래 선사(선도대사)와 같은 성덕을 지닌 이는 아직 없었다."

23. 수많은 신자와 세 명의 수제자

선도대사께서는 족히 경탄할 만한 수많은 신자들을 거느리고 계셨다. 전기에서는 "그분을 존경하는 남녀 신자들의 수가 헤아릴 수 없었다"라고 기록하고 있다. 따라서 가르침을 받은 제자들의 수도 당연히 적지 않았을 것이다. 그 중에 가장 유명한 세 분의 제자가 있었으니, 곧 『석정토군의론釋淨土群疑論』을 지은 회감(懷感, 680년경), 회운(懷惲, 640~701), 정업(淨業, 655~712)이다. 그 중 회감대사의 경우는 미처 『군의론』을 완성하기 전에 갑자기 먼저 왕생하였기에, 그의 사제인 회운법사가 계속 이어 저술함으로써 『군의론』을 완성하였다.

24. 장안 남쪽 교외에 기념탑을 세우다

장안 교외에 남으로는 종남산을 바라보고 북으로는 장안성이 바라보이는, 이른바 산과 물을 끼고 있는 아름다운 땅인 신화원神禾原에는 13층 높이의 큰 탑 하나가 하늘 높이 웅장하게 솟아 있다. 이것이 바로 대사의 사리를 봉안한 '숭령탑崇靈塔'이다.

융천대법사비

선도대사를 십수 년간 모신 회운(융천)법사가 스승의 성덕을 기념하기 위하여 이 아름다운 곳을 택하여 탑과 비를 건립한 것이다. 아울러 탑 근처에 '향적사香積寺'라는 절을 짓고는 신령스런 나무와 풀을 심고 사시사철 공양을 게을리 하지 않았는데, 이 절은 회운법사와 그의 사제인 정업淨業법사가 연이어 주지를 맡았다. 이러한 사적은 「융천대법사비」와 「정업법사영탑명淨業法師靈塔銘」에 실려 있다. 그러나 세상은 무상한지라, 옛날에 엄청나게 웅장했던 절의 모습은 지금에 이르러 더 이상 그러한 위용이 없고, 오직 대탑만이 천삼백여 년의 풍상을 견뎌내며 논밭 가운데 홀로 우뚝이 서서 대사의 만고에 사라지지 않는 유덕遺德을 드러내어 거듭 우리들이 (대사께) 귀의하고 그리워하는 사모의 정을 더해주고 있을 뿐이다.

25. 고종 황제가 천 개의 사리에 공양하다

「융천대법사비」에서는 당시 향적사의 뛰어난 풍경을 다음과 같이 말하고 있다.

> 신기한 나무와 풀은 추운 겨울 이겨내고 홀로 빼어났으며
> 그늘진 잎과 아름다운 꽃은 찬 서리 맞아도 시들지 않네.
> 높은 바람 상쾌한 기상은 법문 듣고 도로 나아가는 도량이요
> 산과 물을 두른 터 또한 온전하고 참된 보살의 땅이라네.
> 온갖 불사는 석가불(鷲嶺)의 분신을 다한 듯하고
> 갖가지 장엄은 곤륜산(昆丘)의 기이한 보배를 다한 듯하네.
> 다만 지극한 정성에 크게 감응하여

향적사와 선도대사탑

(불보살과 호법신장의) 은근한 도움을 받았으니
멀리 천자의 마음을 감복시켜
불사리 천여 과를 공양할 수 있었다네.
칠보로 된 함에 담고는 이 뛰어난 인연을 따라서
백 가지 보배 깃발을 세워 향과 꽃으로 공양하였네.

선도대사의 뛰어난 덕과 향적사의 감응으로 인해 고종 황제는 대사를 깊이 존경하고 추앙했기 때문에 불사리 천여 과를 향적사에 보내고, 아울러 칠보로 장식한 함函과 동시에 백 가지 보배 깃발과 꽃으로 도량에 공양하였던 것이다.

이로써 대사께서는 생전에는 자비심으로써 아래로 뭇 중생을 구제하셨고, 사후에는 남은 덕으로써 위로 황제의 마음을 감동시키셨음을 알 수 있다.

26. 무측천 황후가 자주 정토도량을 방문하다

선도대사께서 장안에 많은 신도들을 거느리고 있었기에, 향적사 또한 황제로부터 법기와 불사리 등의 공양을 받았다. 따라서 참배하고 예불하러 오는 사람들이 쇄도하여 끊이질 않았으며, 이로 인해 향적사가 크게 융성하였다.
「융천대법사비」에 따르면 다음과 같이 기록되어 있다.

> 하늘의 명을 받아 황제의 자리에 오른 측천대성 황후(측천무후)는 불교의 기념일에 법회에 참석하셨으며,
> ……
> 늘상 대사님이 주석하셨던 향적사를 생각하셨다.
> 자주 향적사를 방문하여 추위와 더위를 위문하시고,
> 매번 자신의 귀중한 보물로 삼보를 공양하셨다.

무측천 황후(측천무후)가 황제의 자리에 오른 뒤에도 여전히 향적사를 그리워하여 "자주 정토도량(향적사)을 방문하고, 추위와 더위를 위문"하였는데, 매번 방문 때마다 "자신의 귀중한 보물들로" 큰 공양을 하였던 것이었다.
이로써 선도대사의 탑이 향적사에 남아 밝은 등불이 길이 빛나고, 제자들은 그 덕을 계승하였으며, 황제도 자주 방문하

였다는 것을 알 수 있다.

27. 왕유가 '향적사를 지나며'란 시를 짓다

향적사 어딘지 알지 못하고
구름 봉우리 속 몇 리를 들어갔네.
고목 우거져 오솔길 없는데
깊은 산 어디에선가 종소리 들려오네.
샘물 소리는 솟은 바위틈에서 흐느끼고
햇빛은 푸른 소나무에 서늘하네.
해질 무렵 빈 연못 굽이에서
편안히 선에 들어 독룡(번뇌)을 제압하노라.
(不知香積寺 數裏入雲峰 古木無人徑 深山何處鐘
(泉聲咽危石 日色冷靑松 薄暮空潭曲 安禪制毒龍)

왕유(王維, 700~761)의 자는 마힐摩詰이며, 당나라 융성기인 개원 연간(開元年間, 713~741)에 진사進士가 된 대시인이자 위대한 화가이며 음악가이기도 하다. 그의 시는 문체와 형식이 정밀하고 세련되었고, 대상을 묘사하는 것이 매우 생동적이며 참신하고 탈속하여 독자적인 일가一家를 이루었다. 소동파(蘇東坡, 1036~1101)는 그의 작품에 대해 "시 가운데 그림이 있

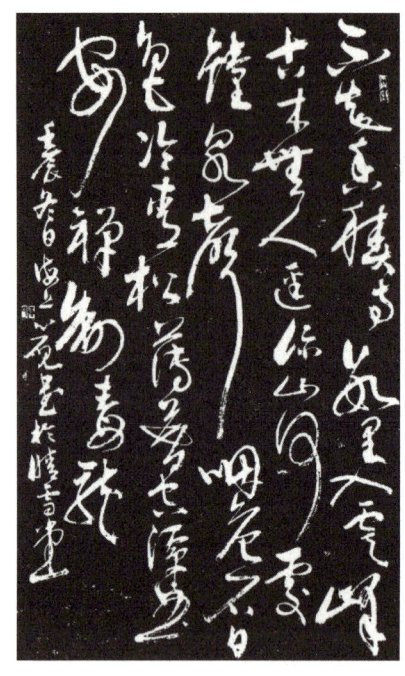

과향적사過香積寺, 왕유 친필

고, 그림 가운데 시가 있다"고 찬탄하였다. 왕유는 재가거사로서 평생 부처님을 믿으며 소박한 옷을 입고 오랫동안 채식을 하였으며, 참선하기를 기뻐하고 정토를 좋아하여 '시불詩佛'이란 아름다운 별명이 있었다.

이 「향적사를 지나며(過香積寺)」라는 시는 아마 그가 만년에 여러 곳을 여행할 때에 썼을 것이다. 시 가운데 '구름 봉우리', '고목', '깊은 산', '종소리', '샘물 소리', '솟은 바위', '햇빛', '푸른 소나무', '해질 무렵', '빈 연못', '편안한 선', '독룡' 등은 당시 향적사의 고요함, 평온함, 그윽함, 탈속함, 깊이를 측량할 수 없이 아름답고 우아한 탈속적인 정경을 세밀하고도 생동감 있게 묘사하고 있으면서도 기교적인 흔적이 전혀 없이 완전히 천연스럽다.

왕유의 이 시는 선도대사와 대사의 숭령탑, 그리고 향적사를 더욱 천고에 전해주어 그 명성이 만방에 떨치도록 하였다.

28. 유문遺文이 방광하여 소강이 깨달음을 얻다

중당中唐 시대(785~805) 무렵인 정원貞元 초기에 정토의 다른 고승인 소강(少康, ?~805)대사란 분이 계셨는데, 그가 염불을 하면 입에서 부처님이 나왔기에 세상에서는 '후선도後善導'라 불렀다. 소강은 낙양의 백마사白馬寺를 참방하다가 전각 안의 문자에서 연이어 방광하는 것을 보고는 매우 기이하게 생각하여 앞으로 나아가 유심히 살펴보니, 바로 선도대사께서 지은 「서방화도문(西方化導文: 서방으로 인도하는 교화의 글)」이었다. 소강대사는 이를 보고서 매우 기뻐하며 축원을 하였다. "만약 제가 정토와 인연이 있다면, 오직 바라건대 이 「화도문」에서 다시 광명이 나타나게 하소서!"

축원을 마치자 과연 광명이 다시 번쩍였으며, 광명 가운데는 무수한 불보살들의 화신이 보였다. 소강대사는 깊은 감동을 받고 그 자리서 당장 서원을 세우며 말하였다.

"겁석劫石[29]은 옮길 수 있을지언정
나의 원은 변하지 않으리라."

(劫石可移 我願無易矣.)

29. 형상이 화불로 신통변화를 나투어 부촉하다

그리하여 소강대사는 그 즉시 장안으로 가서 선도대사의 영당影堂에 참배하고 공양물을 바치고는, 선도대사를 한 번 뵙기를 원하였다. 그러자 곧바로 선도대사의 유상遺像이 부처님의 몸으로 변화하여 소강대사를 향하여 말씀하셨다. "너는 나의 가르침에 의지하여 중생을 이롭고 안락케 할 것이며 함께 극락세계로 왕생하리라." 이 말을 들은 소강대사는 깨달음을 얻은 듯하였다.

30. 염불하면 입에서 부처님이 나오시니 선도가 다시 오다

소강대사는 「서방화도문」에서 방광하는 것을 두 번이나 보고 드디어 정토에 깊이 귀의하면서, 아울러 서원을 세워 말하였

---

[29] 겁석劫石: 겁석은 부처님이 겁劫의 뜻을 설명하기 위해 비유한 사방 40리 되는 큰 바위산(石山)을 말한다.

다. "겁석劫石은 옮길 수 있을지 언정 나의 원은 변하지 않으리라." 또한 선도대사께서 부처님의 몸으로 화현하여 자신을 위해 설법하는 것을 보았으니, 감응의 기이함은 고금에 드물고, 응화應化의 오묘함은 실로 불가사의하였으며, 사람으로 하여금 골수에 사무치는 감동과 기쁨을 주어 온몸을 땅에 던져 예배하도록 하였다.

소강대사

이러한 깨달음을 체험한 소강대사는 그로부터 스스로 믿고 남들도 믿도록 가르치며, 스스로 실천하고 다른 이들도 교화하면서 오직 선도대사께 의지하였다. 그리하여 드디어 남녀노소 누구라도 소강대사를 만나기만 하면 모두가 부처님 명호를 부르게 되었으니, 소강대사가 가는 곳마다 염불 소리로 가득 찼다.

후에 소강대사는 절강 목주(睦州: 현 절강성 순안현淳安縣 서남쪽)에 정토도량을 세워서 대중들을 모아 염불하였는데, 대중들은 소강대사가 염불을 한 번 하면 즉시에 한 부처님이 그의 입에서 나오고, 열 번·백 번을 하더라도 역시 그와 같음을 보았다. 선도대사가 한 번 염불할 때마다 한 번의 광명이 나오는

것과 판에 박은 듯하여 당시 사람들은 소강대사를 '후선도(後
善導: 선도대사의 후신)'라 부르고 '금미타(今彌陀: 오늘날의 아미
타불)'라 칭찬하였다.

북송(北宋, 960~1127) 때의 저명한 불교학자인 무위자無爲子
양걸楊傑[30]은 소강대사에게 감복하고 선도대사를 깊이 추앙하
여 『선도화상미타도량찬善導和尚彌陀道場讚』을 지어 시로써 찬
탄하여 노래했다.

> 동쪽 봉우리 제단의 섬돌은 험하고 높은데
> 열 부처님 염불소리 따라 나투신 일 의심 없이 믿을지라.
> 뒤의 선도께서 앞의 선도를 의지하시니
> 지금 아미타불이 곧 옛 아미타불이시라.
> 일심으로 염불삼매에 들어 삼계를 벗어나니
> 외로운 달 아래 맑은 깨침, 만 가지 물결을 비추네.
> 반야용선 타고 정토세상 노니시다가
> 중생 구제하시고자 다시 사바로 돌아오셨네.

---

30 양걸楊傑: 북송 신종(神宗, 1048~1085) 때의 관리이자 재가거사. 불교를
깊이 연구하였으며, 정토로 귀결점을 삼았다. 저서에 『선도화상미타도
량찬善導和尚彌陀道場讚』, 『정토십의론서淨土十疑論序』, 『미타보각기彌陀
寶閣記』, 『안양삼십찬安養三十讚』, 『정토결의집서淨土抉疑集序』, 『염불경
서念佛鏡序』 등이 있다.

(東峰壇級石嵯峨　十佛隨聲信不訛

後善導依先善導　今彌陀是古彌陀

一心正受超三界　孤月澄禪照萬波

乘般若舟遊淨域　度生還亦到娑婆)

31. 별빛이 동방을 비추니 법연이 뒤이어 일어나다

고요하되 항상 비추는 별빛이 동방으로 가니
법연이 뒤이어 일어나 종풍을 크게 드날렸네.
내가 이 게송 지어 예와 지금을 찬탄하나니
남산과 동해의 밝은 등불은 오래토록 빛나리라.
(寂而常照 星曜東方　法然繼起 宗風丕揚

我作此偈 贊古贊今　南山東海 長耀明燈)

이 두 줄의 찬게贊偈는 중국인민정치협상회의 부주석이자 중국불교협회 전 회장이었던 조박초(趙樸初, 1907~2000) 대덕이 선도대사와 법연상인(法然上人, 1133~1212)에 대하여 찬사를 한 일부분이다.

선도대사 이후 중국에서는 소강대사가 뒤이어 일어나 그 가르침을 크게 전파하였으니, 사람들이 '후선도'라고 불렀다. 일본에서는 12세기에 지혜제일로 칭송받고 대세지보살의 화신이라고 존중받은 법연상인이 뒤이어 일어나 전적으로 선도대사의 『관경소』에 의지하여 일본 정토종을 창립하였으니, 마침내 『관경소』가 일본 정토종의 근본 경전이 되었던 것이다. 법연상인法然上人께서 지은 『선택본원염불집選擇本願念佛集』의 마지막 문장에서는 다음과 같이 말하고 있다.

"선도대사의 『관경소』는 서방정토로 안내하는 나침반이요, 염불행자의 눈이나 발과 같다. 그러므로 서방정토를 발원하는 염불행자는 반드시 보배처럼 존중해야 한다."

이와 동시에 선도대사는 정토종의 고조高祖로 받들어졌으며, 법연상인은 종조宗祖가 되었다. 현재 일본에서 최대 종파를 이루고 있는 정토법문의 여러 갈래 분파들은 모두 그 근원이 법연상인으로부터 나왔는데, 법연상인은 전적으로 선도대사를 의지하였다.

중국의 선도대사가 정토의 상적광常寂光[31] 가운데서 지혜의 광명으로 동방을 비춤으로써 마침내 일본의 "법연이 뒤이어

---

31 상적광常寂光: 법신불이 머무는 경계. 또는 열반을 얻은 부처님의 세 가지 덕인 법신덕, 해탈덕, 반야덕의 세 가지가 하나로 원융무애한 경계. 상적광이 비치는 곳, 즉 법신불이 머무는 정토를 상적광토常寂光土라 한다.

일어나 종풍을 크게 드날리고……, 남산과 동해의 밝은 등불은 오래토록 빛나"게 하여 사람들을 그 빛으로 이끌어 정토에 왕생케 한 것이다. 따라서 조박초 노거사의 찬사는 진실로 "예와 지금을 찬탄"한 것이라 할 만하다.

32. 본래 몸(本地)은 아미타불, 드리운 자취(垂跡)는 선도대사

선도대사가 아미타불의 화신이라는 것은 『서방약전西方略傳』에 기록되어 있다. 왜냐하면 생전의 거룩한 덕과 사후의 영험함이 불가사의했던 까닭이다. 대사는 홀로 아미타불의 본원本願의 깊은 뜻을 터득하여 널리 염불하는 중생을 구제하셨기에, 이는 참으로 마땅한 말이다!

법연상인은 『선택본원염불집』의 마지막 문장에서 다음과 같이 찬탄하여 말하였다.

우러러 본래의 몸(本地)[32]을 생각해보면
48원願을 세우신 법왕이시고,

---

32 본지本地: 중생을 제도하기 위한 수단으로 불보살께서 임시(假)로 시현한 화신의 몸인 수적신垂跡身에 대하여, 그 근본의 진실한 몸인 불·보살을 본지라 한다.

10겁 동안 정각(아미타불)의 가르치심은
염불에 의지하라는 데 있다.
아래로 드리운 자취(垂跡)³³를 생각해보면
(선도대사는) 오로지 염불만 닦으신 도사이시고,
염불삼매를 얻은 말씀에는 왕생에 대한 의심이 없다.

본래 몸(本地)과 드리운 자취(垂跡)가 비록 다르지만 이끌어 교화하시는 것은 하나인 것이다.

33. 두 조사가 만나서 동일한 법맥을 전하시다

법연상인은 전적으로 선도대사를 의지하였고, 선도대사에게 경도되어 절대적으로 귀의하였으며, 선도대사를 경앙하고 사모하고 숭배하였다. 마침내 선도대사가 꿈속 선정 가운데 나타나서 찬탄하고 증명해 주셨으며, 아울러 서로 간에 문답을 주고받음을 감득하였으니, 이것이 곧 일본 정토종 내에서 사람들에게 널리 회자되는「두 조사의 만남(二祖對面)」이라는

---

33 수적垂跡: 불보살께서 본지에 가까이 가지 못하는 중생들을 위하여 임시로 화신의 몸을 나타내는 것. 이는 중생들과 연緣을 맺고 이에 의하여 마침내 불도에 이끌어 제도하기 위한 방편이다.

고사이다.

『몽감성상기夢感聖相記』,『정토수문기淨土隨聞記』,『원공상인전源空上人傳』 등의 자료에 따르면 법연상인은 스스로 다음과 같이 말했다.

나는 (대장경 5번을 더하여) 『관경소』를 8번 읽고서 "생각이 어지러운 범부가 명호를 부르는 수행에 의지하면 곧 부처님의 원력을 타고 반드시 미타정토에 왕생한다는 것"을 알았다.

비록 나 자신은 왕생이 결정되었지만 두루 중생을 위하여 이 도를 널리 유통시키고자 하였으나, 시기와 근기를 헤아리기 어렵기에 마음속으로 망설이고 있었다.

하루는 밤에 꿈을 꾸었는데, 자줏빛 구름이 크게 일어나 사해를 두루 뒤덮었다. 구름 가운데 한량없는 광명이 나오고, 그 광명 속에서 백 가지 보배의 온갖 새떼들이 날갯짓하며 흩어졌다.

그때 나는 높은 산을 오르고 있었는데, 어떤 고승이 구름 속에서 나와 내 앞에 멈춰 섰다. 나는 즉시 예를 올리고는 존안을 우러러보았다. 허리 아래로는 금빛이어서 마치 부처님의 몸과 같았고, 허리 위로는 승복을 입어 일반 스님과 같았다.

법연상인

고승께서 말씀하셨다.

"나는 당나라의 선도이다. 네가 전수염불을 널리 유통할 수 있다면, 이는 매우 희유한 일이므로 내가 와서 증명해 주는 것이다. 이후로 법을 홍포하는 데는 아무런 장애가 없을 것이며 사방에 두루 전해질 것이다."

내가 엎드려 청하며 말했다.

"원하옵건대 정토법문을 직접 구결로 전해 주신다면, 스스로 믿고 남을 믿도록 가르치겠나이다."

선도화상께서 말씀하셨다.

"훌륭하다! 기쁘구나! 보살대성의 정토 교법을 원하는 대로 그대에게 전해 주겠다."

시공을 초월하여 두 조사가 꿈속에서 만났으니 어찌 직접 구결을 전수하고 남김없이 법을 전해준 것과 다르겠는가! 또한 가히 중국의 후선도後善導는 소강대사이고, 일본의 후선도는 법연상인이라 말할 수 있을 것이다. 중국과 다른 나라에서 하나의 법을 이어받아 서로 전하니, 어찌 찬탄하지 않을 수 있겠는가.

   당나라 선도화상은 아미타불의 화신이시라,
   본원의 깊은 의미를 홀로 드러내셨도다.
   일본의 법연상인은 대세지보살의 응현이시라,
   오로지 칭명의 핵심수행을 펴셨도다.
   서방의 두 성인이 다른 나라에서 똑같이 염불법을 전하시니
   동토의 두 조사께서 앞뒤로 함께 정토종을 창립하셨네.
   (唐朝善導和尚爲彌陀化身 獨顯本願深意
   日本法然上人是勢至應現 專弘稱名要行.
   西方二聖 異國同傳念佛法
   東土兩祖 先後共成淨土宗.)

34. 불교회장이 공경하여 찬사를 짓다

   범부가 보토에 들어가는 본원칭명은
   법에 계합하고 근기에 상응하여 중생을 널리 구제하도다.
   대사의 공훈은 예와 지금에 환히 빛나니
   말법시대에 이를수록 더욱더 우러러 의지하네.

중국인민정치협상회의의 전 부주석이자 중국불교협회의 전 회장이었던 조박초 대덕은, 1980년에 중국과 일본 양국의 불교도가 복원 중에 있는 양국 정토종 공동의 조사 도량인 향적사香積寺에서 공동으로 선도대사 왕생 1,300주년을 기념하는 성대한 찬앙讚仰법회를 열고 지극히 존경하는 마음으로 4구로 된 11줄의 찬사를 공경히 지었다.

조박초는 선도대사를 "아미타불께서 본원을 타고 다시 오셔서(彌陀乘願再來)" 중생의 근기에 응하여 정토법문을 널리 천명하시고 중생이 바른 믿음으로 염불하는 길을 널리 여셨다고 찬앙하였으며, 아울러 '용문대불'은 '만고의 걸작(曠古神工)'이어서 인간과 하늘이 영원히 존경하고 숭배하게 만든다고 감탄하였다.

이와 동시에 일본의 법연상인은 선도대사로부터 지혜 광명의 깨우침을 깊이 받고서 일본 정토종을 창립하여 선도대사의 "본원칭명本願稱名, 범부입보凡夫入報"라는 정토종의 바른 뜻을 계승하였으며, 이는 선도대사와 법연상인 두 조사께서 서로 다른 시대의 두 나라에서 동일한 법맥을 계승하였음을 나타낸다고 찬탄하였다. 그 찬탄 게송은 다음과 같다.

생각건대 우리 대사께서 본원을 타고 다시 오시어
정토법문을 중생의 근기에 응하여 널리 여셨도다.

조박초와 한중 불교대표 (1993)

5부 9권으로 깊은 법문 묘하게 펼치시어
믿기 어려운 법을 널리 바르게 믿도록 하셨도다.

용문대불 노사나불상은 만고의 걸작이라
검교관으로 세워 공사를 의뢰하니 인천이 길이 추앙하도다.

발원과 행이 이미 원만하시어 인연 따라 입적하시니
천삼백 년 동안 선도대사 탑이 향적사에 남아 있누나.
고요하되 항상 비추는 별빛이 동방으로 가니
법연상인이 뒤이어 일어나 종풍을 크게 드날리셨네.

네 가지 빛깔의 연꽃과 칠보의 나무에
법음이 흘러넘치고 감로수가 두루 쏟아지도다.

억만 명 신도들이 함께 지극정성으로
여섯때에 부처님 명호를 부르나니, 천년의 조정이로다.

이에 수승한 인연 맺고 성대한 법회 거행되니
스승의 은혜 생각하여 영원히 이 도량을 잊지 않으리라.
가람을 다시 일구고 탑을 수리하니
해조海潮가 상像을 맞이하고 하늘 바람이 배를 보내네.

두 나라의 먼 후손이 한곳에 모여
옛날부터의 친분을 길이 돈독히 하고
함께 조상의 업적을 따르네.
내가 이 노래를 지어 예와 지금을 찬탄하나니
남산과 동해의 밝은 등불은 길이 빛나리라.

　　　　　　　　　　　　서기 1980년 4월 14일
　　　　　　　　조박초가 머리를 조아려 예경하며 짓다.

법연상인은 일찍이 『관경』에서 말씀하신 "(아미타불의) 광명이 시방세계를 두루 비추어 염불하는 중생을 섭취하여 버리지 않으신다(光明遍照十方世界 念佛衆生攝取不捨)"라는 문장에 화답하는 노래 한 수를 지었다.

226

달빛이 비록 비추지 않는 곳 없으나
오직 우러러 바라보는 자 마음속에 깃든다네.
(月光雖無處不照 唯宿仰望者心中)

　조박초는 이 시를 보고 나서 찬탄한 나머지, 영감을 받아 두 수의 짧은 시를 써서 이에 화답하였다.

달빛은 항상 두루 비추지만
오직 뜻있는 사람에게 달려 있네.
밝은 달 중천에 걸려 있어
대지를 비추지 않는 곳 없으나
오직 뜻있는 사람 있어
그 빛을 얼마나 마실 수 있을지 묻고 있네.
(月光常普照　只看有心人
明月懸中天　大地無不照
但問有心人　飮受光多少)

　이로써 두 나라의 정토종 조사님은 만대에 이르도록 숭앙을 받고 있고, 게다가 조박초 거사 역시 정토에 뜻이 있는 사람(有心人)이었음을 알 수 있다.

35. 연지대사와 인광대사가 마음을 다하여 숭앙하다

연지대사께서는 『왕생집』에서 마음속 깊이 선도대사님의 높은 덕에 감복하며 찬탄하여 말씀하셨다.

"선도화상께서는 세상에서 아미타불의 화신으로 전해진다. 그분 스스로 행하신 꼼꼼하고 엄격한 수행이나 중생을 널리 이롭게 하신 것을 보건대, 만대에 걸쳐 사람들의 신심을 불러일으키고 계신다.
설사 아미타불이 아니시더라도 필시 관세음보살이나 보현보살과 같은 분이시다. 아, 위대하도다!"

인광대사께서는 『인광대사문초』에서 선도대사님의 신통과 지혜를 매우 찬탄하며 말씀하셨다.

"선도화상은 아미타불의 화신이시니, 대신통과 대지혜가 있으시다. 그분께서는 정토법문을 널리 펴심에 있어 심오함과 오묘함을 중시하지 않으시고, 오직 분명하고 현실적이고 평범한 곳에서 사람들이 수행하도록 가르치셨다.
또한 그분께서 보여주신 전수專修와 잡수雜修의 두 가지 수행은 그 이익이 다함이 없다.

전수란, 이를테면 몸으로는 오로지 아미타불을 예배하고, 입으로는 오로지 나무아미타불을 부르며, 마음으로는 오로지 아미타불을 생각하는 것이다. 이와 같이 한다면 서방에 왕생함에 있어 만 명 가운데 한 명도 빠뜨리지 않는다.

잡수란, 이를테면 여러 가지 법문을 겸하여 닦아 그 공덕을 회향하여 왕생하는 것으로, 마음이 전일하지 않은 까닭에 이익을 얻기가 어렵다. 그래서 백 명 중에 한두 명, 천 명 중에 서너 명도 왕생하는 자가 드물다.

이는 부처님께서 친히 하신 진실한 말씀으로, 천고에 변치 않는 확실한 사안이다."

36. 선도대사께서 말씀하신 것은 부처님의 말씀으로 여겨야 한다

인광대사께서는 『인광대사문초』에서 또한 범패로 칭송하며 말씀하셨다.

선도대사께서는 당나라 초기,
각 종파가 성행할 때 정토를 제창하시어
뭇 중생들을 만족하게 하셨으니
그 누가 부처님의 힘(佛力)에 필적할 수 있으리오!

누구라도 만약 진실로 받아들이고 귀의한다면
반드시 서방정토에 왕생하리라!

또한 사람들에게 "선도대사께서 말씀하신 것은 부처님의 말씀으로 여겨야 한다"며 이를 마땅히 믿을 것을 권하시고, 또한 게송으로 찬탄하여 말씀하셨다.

세상에서는 대사께서 아미타불의 현신이라고 전해오네.
제창하신 염불의 의의가 원만하고도 풍부하도다.
배우는 자는 모름지기 겸허해야 한다고 간곡히 권고하시고
아울러 힘껏 사바를 싫어하고 왕생을 기뻐하도록 하셨다네.
(교리에 대한) 이해를 구하고자 한다면 마땅히 모든 법을
통달해야 하나,
(실천) 수행은 근기와 이치에 알맞은 행을 선택해야 한다
말씀하셨네.
염불하면 광명이 나와 모인 대중들을 고무시키시니,
하신 말씀은 마땅히 부처님 말씀으로 봐야 한다네.

37. 지영선사가 명문을 새겨 숭앙하다

송나라 때 지영智榮선사는 선도대사의 높은 덕을 숭앙하여 대

사의 법상(法像: 승려의 조각상이나 초상화)에 명문銘文을 새겨 찬탄하여 말했다.

선도대사께서는 아미타불의 화신이시다. 나무아미타불 여섯 자를 부르는 것은 곧 ①부처님을 찬탄함이요, 곧 ②참회를 함이요, 곧 ③발원과 회향함이요, 곧 ④모든 선근으로 정토를 장엄함이다.

①오로지 아미타불의 명호를 부르는 것은 아미타불께 대한 최고의 위없는 찬탄이다. 천친보살께서는 『왕생론』에서 말씀하시기를 "부처님 명호를 칭념하는 것이 곧 찬탄문이다(稱念佛名 卽是贊歎門)"라고 하셨다.

②명호 속에 공덕이 구족되어 있어 한 번의 염불에 80억 겁 동안 지은 생사의 큰 죄를 없앨 수 있다. 한 번 염불하는 것이 이미 그러할진대 하물며 항상 염불함이랴. 따라서 그는 항상 참회하는 사람이다. 선도대사께서는 『반주찬』에서 "염념마다 명호를 부르며 항상 참회한다(念念稱名常懺悔)"라고 말씀하셨으니, 이로써 단지 부처님 명호만 불러도 저절로 참회의 기능이 있음을 밝히셨다.

③선도대사께서 『관경소』「현의분」에서 말씀하시길 "나무南無란 곧 귀명(歸命: 목숨 다해 부처님께 돌아감)이요, 또한 (극락왕생을) 발원하고 회향한다는 의미이며, 아미타불은

곧 그 행이다. 이런 뜻이 있는 까닭에 반드시 왕생할 수 있다."라고 하셨다. 그런 까닭에 단지 아미타불의 명호만 불러도 저절로 발원과 회향이 이루어지기에 반드시 왕생할 수 있는 것이다.

④아미타불께서 인위(因位: 부처를 이루기 전의 지위)에서 행하신 온갖 행(萬行)과 과지(果地: 부처를 이룬 자리)에서의 온갖 덕(萬德)이 모두 다 명호 속에 갈무리되어 있다. 이런 이유로 ('나무아미타불'이란) 육자명호는 모든 선법을 갖추고 있으며 모든 덕의 뿌리를 갈무리하고 있다. 그러므로 단지 명호만 불러도 저절로 모든 선근을 얻을 수 있고, 저절로 정토를 장엄하게 되는 것이다.

38. 담성율사께서 명문을 새겨 게송으로 높이 찬양하다

남송 고종高宗 소흥紹興 31년(1161)에 담성曇省율사는 대사님의 높은 덕을 깊이 숭앙하여 대사의 법상에 명문銘文을 새겨 게송으로 찬탄하며 말했다.

    당나라 선도화상 진상眞像을
    사명의 율을 전해 받은 비구 담성이 찬탄하노라.

선도대사 염불하면 부처님이 입으로부터 나왔으니
신자들이 모두 이를 보고 환술이 아님을 알았다네.
마음이 부처인 것을 모든 사람이 다 갖추었으나
선도대사와 같아지고 싶다면 묘함은 익숙해짐에 있다네.
마음 연못에 물이 고요하면 부처 달이 그림자 드리우나
업풍이 파도를 일으키면 중생과 부처는 크게 달라지네.
소홍 신사 2월 1일.

39. 선도대사께서 고탑과 고불로 나투시다

모 스님은 감숙성甘肅省 사람이다. 2003년에 감숙성 천수天水 맥적산麥積山의 바위 위에 앉아 정좌를 하고 있었는데, 갑자기 하늘에 나타난 높고 커다란 불탑을 발견하였다. 그 불탑은 꼭대기가 없었으며, 탑 위에는 미타고불(彌陀古佛: 아미타불)께서 몸을 나투고 계셨다. 스님은 하산한 후에 타지로 공부하러 가고자 우선 서안西安으로 갔는데, 차에서 내린 후에 멍하니 어디로 가야 할지를 몰랐다. 그때 갑자기 한 거사님이 오셔서 스님을 모시고 향적사로 갔는데, 스님이 향적사에 도착하여 선도대사숭령탑善導大師崇靈塔을 보고 나니, 그때서야 그 당시에 허공중에 나타난 탑이 바로 이 숭령탑이었다는 것을 알게 되었다. 이 탑은 원래 13층이었는데, 상부의 2층은 세월이 오래

되어 훼손되는 바람에 탑 정상이 없었던 것이다. 마침 탑을 관리하는 스님이 일이 있어 외출하고자 했기에, 스님이 대신 10일 동안 탑을 관리해 주겠다고 요청하였다.

2009년 6월 27일, 한 거사님이 그 스님에게 『선도대사요의善導大師要義』 등 정토종 선도류의 교리에 관한 책들을 드렸더니, 스님은 기쁜 마음으로 정대하고 수지하며 "내가 선도대사님과 인연이 있구나."라고 말했다.

선도대사께서는 아미타불의 화신이신데, 천년의 세월 뒤에도 여전히 이와 같은 영험을 오늘날의 사람 앞에 나투셨으니, 참으로 불가사의한 일이다!

40. 선도대사는 아미타불의 화신이시다

2008년 4월의 어느 날 오전, 정토종 중경염불회重慶念佛會의 유천소劉天素 거사님은 약속한 대로 이패홍李沛鴻 거사님의 집으로 갔다. 간 이유는, 하나는 정토종 선도류의 불서를 주는 것이었고, 또 하나는 선도대사의 정토사상을 간략히 소개해주어 그가 믿기를 바라는 것 때문이었다.

마침 유 거사님이 "중경염불회는 모두 선도대사의 정토사상에 의지한다"라고 분명히 밝히고 있을 때, 거실의 텔레비전이 갑자기 스스로 켜지더니 컬러화면이 나타났다. 그리고 화면 가운데 "善導大師係彌陀化身(선도대사는 아미타불의 화신이시다)"라는 고풍스럽고 힘 있는 아홉 글자가 크고 뚜렷하게 몇 분 동안 머물다가 자연스럽게 사라졌다.

두 사람은 서로 얼굴을 마주보면서 매우 놀랐다. 텔레비전이 어떻게 스스로 켜질 수 있단 말인가? 컬러화면은 어디서부터 나온 것인가? 아홉 개의 큰 글자는 또 어떻게 나타났는가? 이 어찌 아미타불께서 시기적절하게 영험을 보이시어 선도대사님이 확실히 아미타불의 화신이시고, 오직 그분의 정토사상만이 비로소 순수하고 올바르며 헛된 것이 아님을 증명함으로써 이 거사님이 위없는 신심을 일으키도록 하신 게 아니겠는가!

이 거사님은 이 영험을 접하고는 깊이 감동하여 말했다. "참으로 불가사의합니다. 우리 모두 직접 이 신기한 장면을 목격했으니 말입니다!"

"선도대사는 아미타불의 화신이시다"와 "선도대사의 정토사상"은 나란히 법계法界의 불가사의한 인증을 받았으니, 사람들로 하여금 비할 바 없는 충격과 한없는 감동을 받게 하였으며, 의심 없이 믿고 받아들이게 하여 끝없는 법희法喜를 주었다. 참으로 소강대사님께서 "겁석은 옮길 수 있을지언정 나의 원은 변하지 않으리라!(劫石可移 我願無易矣)"고 말씀하신 바와 같다고 할 것이다.

41. 꿈속에서 선도대사님을 뵙고 염불에 귀의하다

호남성湖南省 상덕시常德市의 호추국胡秋菊 보살은 2002년 45세 때 인연이 있어 불교에 귀의하였으나 왜 불교공부를 해야 하는지를 몰랐으며, 생사를 끝내고 염불하여 정토에 왕생하는 것에 대해서도 전혀 몰랐다. 그녀는 자주 절에 머물면서 자원봉사활동을 했던 까닭에 역시 대비주와 관세음보살보문품, 반야심경, 관정진언 등 불교의 일반적인 공부를 배워서 알고 있었지만 늘 염불하지는 않았다.

하루는 그녀가 꿈을 꾸었는데, 어떤 사람이 그녀가 당나라 때와 관련이 있다고 말했다. 꿈을 깨고 난 후에는 이 꿈의 의미를 모르고서 그저 마음속으로만 묵묵히 생각하고 있을 뿐이었다.

불교를 배우는 시간이 오래됨에 따라 점차 나고 죽음이 큰 일임을 알게 되고, 또한 정토에 왕생하는 일이 중요하다는 것을 알게 되었으나, 자신이 닦고 있는 공부로 과연 왕생할 수 있을지에 대해 알지 못했으므로 마음이 불안하여 항상 아미타불과 관세음보살께서 꿈속에서 일깨워 주시기를 기원하였다.

2004년 4월, 꿈속에서 보리수 한 그루가 보였는데 나무 위에는 보리 열매가 주렁주렁 달려 있었다. 나무 밑에는 옛날 사람의 모습을 한 수많은 사람들이 몸에 고대 인도의 가사를 걸치고 있었는데, 그녀에게 말하기를 "2006년에 장사長沙로 가라"고 하였다. 꿈에서 깨어난 호 보살은 생각했다. '장사는 상덕에서 대략 200킬로미터 정도 떨어진 곳이다. 때가 아직 이르지 않았고, 길도 머니 잠시 내버려두자.'

2006년 6월, 다시 꿈속에서 높은 탑 하나가 보였는데 탑 주변에는 손님을 맞이하는 소나무 한 그루가 있었다. 거기서 비구니 스님 한 분이 호 보살에게 말하기를 "보살님은 장사로 가세요. 보살님의 인연은 장사에 있습니다"라고 하였다. 그러나 장사의 어느 곳에 이런 높은 탑이 있는지 몰랐기에, 결국 여전히 내버려 두었다.

2006년 8월, 또 다시 꿈속에서 높은 산 하나가 보였는데, 산 위에는 장엄하기가 이를 데 없는 보배 탑 하나가 하늘 높이 우뚝 솟아 있었다. 그리고 서쪽으로부터 푸른 옷을 입은 옛날 사람 한 분이 오셔서 그 보배 탑 지붕에 머물더니, 공중에서 "선도대사! 선도대사!" 하는 소리가 두 번 들려왔다. 이 소리를 들은 호 보살은 잠에서 문득 깨어났지만 선도대사가 누구인지, 높은 산과 보배 탑은 또 어디에 있는지 알 수 없었다.

하나하나의 신기한 꿈들은 마치 무언가를 계시하는 것 같았으나 도무지 그 의미를 알 수가 없었다.

2006년 12월, 마침 장사 개원사開元寺의 비구니인 인오印悟 스님이 볼일이 있어 속가인 상덕에 들렀는데, 스님과 호 보살은 서로 아는 사이인지라, 호 보살을 불러서 함께 개원사로 가게 되었다. 개원사의 총무스님인 종신宗信 법사가 호 보살에게 정토종 불서를 몇 권 주셨는데, 호 보살이 받아서 보니 뜻밖에도 『선도대사법어善導大師法語』였다. 순간 눈이 번쩍이면서 깜짝 놀랐다. 뜻밖에도 이곳 장사 개원사에서 선도대사님을 알게 된 것이었다! 책을 펼쳐보니 선도대사숭령탑이 뚜렷이 보였는데, 더욱 놀라운 것은 이 탑이 바로 꿈속에서 보았던 그 보배 탑이었던 것이다!

여기에 이르러 호 보살은 지난 몇 년 동안 자신의 꿈속에 나타난 신기한 경계들이 하나하나 이해되었다. 꿈속에서 계시해 주시고 인도해 주신 것도, 바로 그녀가 전적으로 당나라 때 유명한 고승이자 아미타불의 화신인 선도대사님의 정토사상에 의지하여 오로지 아미타불의 명호를 부르면 반드시 왕생할 수 있다는 것이었다. 이에 게송으로 찬탄하였다.

당나라 때 고승이신 선도대사께서는
아미타불의 화신으로서 오로지 정토를 널리 펴신 분이네.
천백 년 뒤에도 여전히 현신해 보이시니
선도대사님의 한없는 자비와 발원에 예배드리네.

42. 선도대사께서 합장하는 대불의 모습으로 나투시다

한 청년이 2010년 음력 9월 19일에 삼보에 귀의하였는데, 법명은 도종道琮이고, 그때 나이는 25세였다. 삼보에 귀의한 후 불서를 두루 읽기는 했지만, 선지식의 지도가 없었기에 공부 중에 많은 어려움을 겪었다. 2013년 정월에 꿈을 꾸었는데, 선도대사께서 합장하는 대불(大佛, 아미타불)로 나투시는 모습을 친견하고는 스스로 꿈속의 일을 기억하여 다음과 같이 말했다.

2013년 정월 십 며칠의 어느 날 밤에 나는 밤새도록 꼬박 꿈을 꾸었다. 꿈속에서 나는 어머니와 함께 산책을 하고 있었는데, 길을 걷다보니 어느새 아주 한적하고 조용한 곳에 이르렀다. 이곳은 내가 한 번도 와본 적이 없던 곳이었는데, 이따금씩 새소리와 꽃향기가 풍겨왔지만 새와 꽃은 보이지 않았다. 주위의 나무들은 비교적 무성하면서도 싱그럽고 푸르렀다. 계속해서 걷다보니, 땅의 형세가 약간 높아진 것 같았다.
이때 회랑에 도착하였는데, 이 회랑은 마치 티벳 포탈라궁의 회랑을 오르는 것 같았다. 그때 갑자기 나와 어머니 앞에 온 몸이 금색인 거대한 불상 하나가 나타났는데, 마치 하늘로부터 내려오신 것 같았다. 이 불상은 마치 하나의 큰 산과 같았으니, 가히 "부처님은 하나의 큰 산이요, 산은 한 분의 부처님"이라고 말할 만했다. 이 부처님은 두 다리를 결가부좌하시고는 높은 자금대紫金台에 앉아 계셨다. 그리고 양손은 합장을 하시고 입은 미소를 띤 채 약간 벌리고 계셨다. 불상의 머리 부분과 가슴 부분에 연이어 뭉게뭉게 피어오르는 흰 구름이 흘러갔는데, 그 엷은 구름은 마치 얇고 가벼운 흰색 천과 같았으며 또한 하얀색의 하늘거리는 향 연기 같았다. 그 자금대는 천 개의 잎이 달린 보배연꽃의 모양을 띠고 있었으며, 금빛의 꽃과 꽃잎은 빙글빙글 회전하고 있었다. …… 나는 당시의 정경을 있는 그대로 솔직하게 서술할 수밖에 없지만, 유감스러운 것은 불상을 뵈었을 때의 그 감촉, 그리고 주위의 환경이 주는 그 유쾌하고 기쁜 느낌은 오히려 글로써 표현하기가 어렵다는 것이다. 꿈에서 이처럼 커다란 불상을 만난 것도 물론 신기하기는 했지만, 꿈을 깨고 난 뒤에 나는 줄곧 생각했다. '이 부처님은 대체 어떤 부처님이실까? 난 그저 보살상이 합장을 하고 있는 것을 본 적은 있어도, 부처님께서 합장을 하고 계신 모습은 본 적이 없는데 말이야.'

9월 10일 오전에 어떤 절에서 오로지 정토종의 수행만을 하는 염불수행자 한 분을 만났다. 그분은 열성적으로 나에게 선도대사님의 정토 교리를 소개하면서 『정토종십삼조사전淨土宗十三祖師傳』이란 책 한 권을 주셨다. 한번 쭉 훑어보는데, 별안간 당시 꿈에 나타나신 대불께서 바로 이 책 속에 계신 것을 발견하였다. 알고 보니 그 불상은 원래 선도대사의 상이었고, 현재 서안의 향적사에 봉안되어 있다는 것이었다.

음력 정월 초하루 때 꿈에서 선도대사를 뵈었는데, 이번에 우연히도 선도대사님의 정토사상에 대해 듣게 되었으니 참으로 불가사의한 일이다. 분명히 나는 정토종과 인연이 있고, 더욱이 선도대사님과 인연이 있으므로, 이에 나는 완전하게 믿고 받아들였다! 이제 나는 한평생 오로지 정토종만 수행할 것이며, 오로지 아미타불만 염불하여 반드시 극락정토에 왕생할 것이다.

도종거사는 2013년 10월 26일에 공경히 쓰다.

43. 옛 현자들의 글을 모아 12덕을 찬양하다

아, 위대하도다! 대사께서는 법계의 몸을 나투시어 널리 중생을 제도하시는 묘용을 베푸셨으니, 높은 덕은 우뚝 솟아 있고 조사의 은혜는 다함이 없구나. 어찌 뚫을수록 더욱 견고해지고 우러러 볼수록 더욱 높아지는 게 아니겠는가! 우리들은 어리석고 용렬하여 그 덕을 만분의 일도 찬양하기 어렵도다. 아니! 오히려 거룩한 덕을 더럽힐까 염려할 뿐이로다. 비록 그러하나, 우러러 찬양하는 정성을 바치기 위해 공경스런 마음으로 옛 현자들이 칭찬한 글을 모아보았다. 비록 망망대해에 좁쌀 한 알이나 아홉 마리 소에 터럭 하나에도 미치지 못하겠지만, 이 또한 작은 정성을 다하는 것일 따름이다.

①본바탕은 존귀하신 덕(本地尊貴德)
②지성으로 염불하신 덕(至誠念佛德)
③삼매를 증득하신 덕(三昧發得德)
④광명이 입에서 나오신 덕(光從口出德)
⑤꿈에 감응으로『관경소』를 지으신 덕(造疏感夢德)
⑥경문을 해석하여 마구니를 항복시키신 덕(釋文降魔德)
⑦고금의 그릇됨을 확고히 바로잡으신 덕(楷定古今德)
⑧폐하고 세움이 절묘하신 덕(廢立絕妙德)
⑨인도하여 교화하심이 넓고 성대하신 덕(化導盛廣德)
⑩제왕이 공경하여 귀의케 하신 덕(帝王歸敬德)
⑪「유문」에서 방광을 하신 덕(遺文放光德)
⑫형상이 신통변화를 일으키신 덕(形像神變德)

44. 5부 9권으로 된 본소와 구소[34]

선도대사의 저작은 정토종의 거룩한 가르침이 되었으니, 아래에 열거하는 「5부 9권」이 그것이다. 또한 현재로는 전해지지 않는 『아미타경의阿彌陀經義』가 있다. 이 책은 『관경소』「정선의」에서 두 차례 나오는데, 『관경소』(사첩소)와 같이 『아미타경』을 경문에 따라 해석한 주석서(疏)이다.

  이 5부 중에 『관경소』 4권은 「본소本疏」라 부르기도 하고, 또한 「해의분解義分」(교문敎門)이라 부르기도 한다. 나머지 4부는 「구소具疏」라고 부르는데, 즉 「행의분行儀分」(행문行門)이다.

---

34 본소本疏와 구소具疏: 본소는 선도대사님의 5부 9권 가운데 제1부인 『관무량수경소』 4권을 말하고, 구소는 나머지 4부인 『관념법문』 1권, 『법사찬』 2권, 『왕생예찬』 1권, 『반주찬』 1권을 말한다.

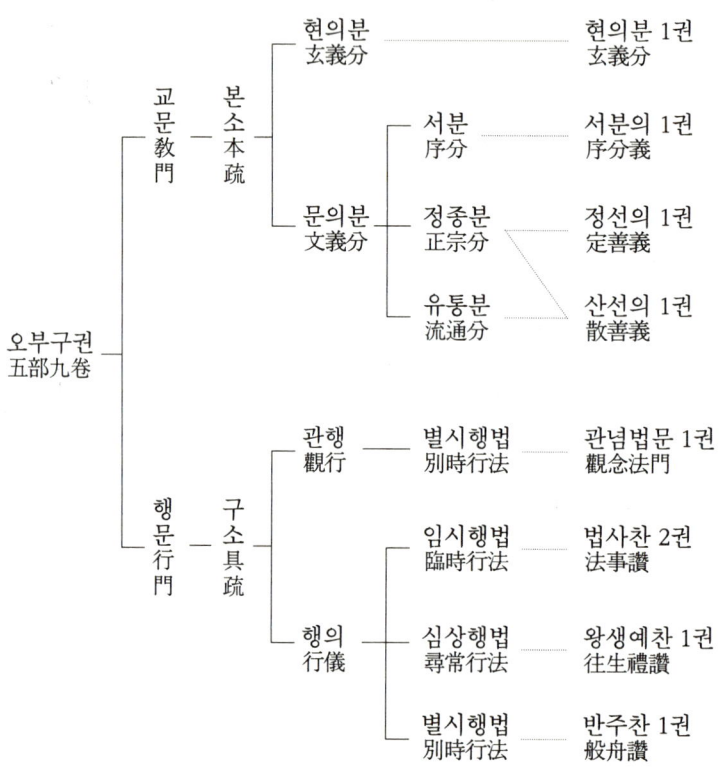

45. 당시 불교계의 고승들 연표

담란대사(曇鸞大師, 476~554)

도작대사(道綽大師, 562~645)

선도대사(善導大師, 613~681)

진제(眞諦, 499~569)

신행(信行, 541~594)

혜원(淨影寺 慧遠, 523~592)

지의(智顗, 538~597)

길장(吉藏, 549~623)

현장(玄奘, 600~664)

도선(道宣, 596~667)

현수(賢首, 643~712)

*정토관련 저술

혜원:『대경의소大經義疏』2권,『관경의소觀經義疏』2권

지의:『관경소』2권,『아미타경의소』1권

길장:『대경의소』1권,『관경의소』2권

혜정慧淨 법사

1950년 대만에서 출생하였으며, 1977년 불광산의 성운대사에게 출가하였다. 홀로 산에서 3년간 염불수행을 하면서 『인광대사문초』, 『선택본원염불집』 등을 연구함으로써 정토법문은 마땅히 선도대사의 가르침이 가장 순수하고 바르며 이 시대에 적합하다고 보고, 이후로 대만과 각처에서 선도대사의 순수정토법문을 널리 펴오고 있다. 아울러 스님은 2012년부터 매년 한국에 초청받아 와서 선도대사의 정토법문에 대한 강의를 해왔다. 저서에 『선도대사전집』, 『법연상인전집』, 『염불감응록』 등 30여 권이 있는데, 그 취지는 모두 아미타불의 구제를 믿고 염불하며 극락왕생을 발원하는 데 있다.

정전淨傳 스님

2005년 강원도 건봉사로 출가하였으며, 송광사 강원을 졸업하였다. 일찍이 정토법문을 공부하고자 대만에 유학하였으며, 거기서 순수정토법문을 널리 선양하고 있는 혜정법사로부터 정토종의 종지를 배웠다. 귀국 후 건봉사 만일염불회 지도법사로서 순수정토사상의 가르침을 펴고 있다. 아울러 『순수한 정토법문』, 『조념법요집』, 『정토수행의 나침반』, 『고향으로 돌아가자』, 『정토종 개론』 등을 번역 출판하며 정토종의 개창자인 선도대사의 칭명염불수행 전통을 이 땅에 되살리고자 힘쓰고 있다.

원왕생願往生

경북 영천 팔공산 자락에서 나고 자랐다. 학부를 졸업하고 신부가 되고자 가톨릭대학에서 5년간 신학을 공부하다가 중퇴하고, 방향을 바꾸어 불교로 전향하였다. 처음엔 위빠사나 등 남방불교를 배우다가 정토법문을 듣고는 지금까지 염불공부를 해오고 있으며, 틈틈이 정토 관련 법보시 책을 만들어 무상으로 배포하고 있다. 동국대 대학원에서 「우익지욱의 정토사상 연구」로 석사학위를 받았으며, 현재는 책을 기획, 편집하고 만드는 일에 종사하고 있다.

염불하여 왕생하고, 왕생하여 성불하세

초판 1쇄 인쇄 2016년 5월 13일 | 초판 1쇄 발행 2016년 5월 20일
혜정 법사 법문 | 정전·원왕생 옮김 | 펴낸이 김시열
펴낸곳 도서출판 운주사

(02832) 서울시 성북구 동소문로 67-1 성심빌딩 3층
전화 (02) 926-8361 | 팩스 0505-115-8361
ISBN 978-89-5746-456-4 03220   값 10,000원
http://cafe.daum.net/unjubooks 〈다음카페: 도서출판 운주사〉